L'EBRAISMO SPIEGATO PER I PRINCIPIANTI

Una guida discutere Torah e della tradizione ebraica

Ethan Micah Ariel

Sommario

INTRODUZIONE

L'ebraismo è una delle religioni più antiche del mondo, con una ricca storia e un profondo insieme di credenze e pratiche. Fondamentalmente, l'ebraismo è una fede monoteistica, il che significa che gli ebrei credono in un solo Dio. Questa fede in un Dio unico e onnipotente distingue il giudaismo da molte altre religioni antiche che credevano in più dei. L'idea di un Dio unico che ha creato l'universo e continua ad avere una relazione con esso è fondamentale per il pensiero ebraico.

Uno dei testi centrali del giudaismo è la Torah, che consiste nei primi cinque libri della Bibbia ebraica. La Torah contiene non solo la storia del popolo ebraico ma anche i comandamenti e gli insegnamenti che guidano la vita ebraica. Questi insegnamenti coprono ogni aspetto della vita, dal comportamento etico ai rituali religiosi, rendendo la Torah una guida completa su come gli ebrei dovrebbero vivere la propria vita. Accanto alla

Torah ci sono altri testi importanti, come il Talmud, che forniscono ulteriori spiegazioni e interpretazioni della legge e della tradizione ebraica.

Il giudaismo pone una forte enfasi sulla comunità e sulla famiglia. Molte pratiche e festività ebraiche sono incentrate sulla casa e sulla sinagoga, dove la comunità si riunisce per pregare, studiare e celebrare. Ad esempio, il sabato, un giorno di riposo e di culto che si svolge dal venerdì sera al sabato sera, è un momento in cui le famiglie si riuniscono, condividono i pasti e riflettono sulla settimana. Il sabato non è solo un giorno di riposo, ma anche un momento per riconnettersi con Dio e con gli altri.

Un altro aspetto chiave del giudaismo è il concetto di mitzvot, che sono comandamenti o buone azioni. Ci sono 613 mitzvot nella Torah, che coprono una vasta gamma di azioni, dall'onorare i propri genitori alla cura dei poveri e dei bisognosi. Queste mitzvot guidano gli ebrei nella loro vita quotidiana, incoraggiandoli ad agire eticamente e con compassione. L'idea è che seguendo questi comandamenti, gli ebrei possono portare la santità nella loro vita e nel mondo che li circonda.

Anche le festività e le feste ebraiche svolgono un ruolo significativo nella fede. Questi eventi commemorano momenti importanti della storia ebraica e offrono opportunità di riflessione e celebrazione. Ad esempio, la Pasqua celebra la liberazione degli israeliti dalla schiavitù in Egitto ed è contrassegnata da un pasto speciale chiamato Seder, in cui viene raccontata la storia dell'Esodo. Hanukkah, un'altra festa molto conosciuta, celebra la ridedicazione del Secondo Tempio di Gerusalemme e viene osservata accendendo candele su una menorah per otto notti.

Conoscere l'ebraismo è importante per promuovere la comprensione e l'apprezzamento interreligiosi. Comprendendo le credenze e le pratiche del giudaismo, persone provenienti da contesti diversi possono apprezzare meglio la diversità del pensiero e dell'esperienza umana. Aiuta anche ad abbattere gli stereotipi e le idee sbagliate che possono portare a pregiudizi e discriminazioni. Ad esempio, conoscere l'enfasi ebraica sul comportamento etico e sulla giustizia sociale può ispirare le persone a riflettere sui propri valori e sulle proprie azioni.

L'ebraismo insegna il concetto di Tikkun Olam, che significa "riparare il mondo". Questa idea incoraggia gli ebrei a lavorare per rendere il mondo un posto migliore attraverso atti di gentilezza, carità e giustizia sociale. È un invito all'azione che risuona tra persone di ogni provenienza, ricordando a tutti noi la nostra responsabilità di prenderci cura degli altri e del nostro pianeta.

Anche il concetto ebraico di alleanza è significativo. Secondo la tradizione ebraica, Dio ha stretto un'alleanza con il popolo ebraico, iniziando con Abramo e proseguendo attraverso Mosè e la donazione della Torah. Questo patto è un accordo speciale che delinea le responsabilità e gli impegni tra Dio e il popolo ebraico. È un tema centrale nella teologia ebraica e modella la comprensione ebraica del loro rapporto con Dio.

La preghiera e il culto sono parte integrante della vita ebraica. Gli ebrei pregano tre volte al giorno e queste preghiere spesso includono lodi a Dio, richieste di aiuto ed espressioni di gratitudine. La sinagoga, luogo di culto e di ritrovo della comunità, è il luogo in cui si svolgono molte di queste preghiere. L'atto di pregare insieme rafforza il senso di comunità e di connessione con Dio.

Le leggi alimentari ebraiche, conosciute come kashrut, sono un altro aspetto importante della fede. Queste leggi specificano quali alimenti sono ammessi e come dovrebbero essere preparati. Ad esempio, carne e latticini non possono essere mangiati insieme e alcuni animali, come i maiali, non sono kosher e non possono essere mangiati. Queste leggi alimentari vengono seguite come un modo per obbedire ai comandamenti di Dio e mantenere un senso di santità nella vita di tutti i giorni.

L'ebraismo pone inoltre una forte enfasi sull'educazione e sullo studio dei testi sacri. Fin dalla giovane età, ai bambini ebrei viene insegnato a leggere e studiare la Torah e altri testi religiosi. Questa tradizione di apprendimento continua per tutta la vita di un ebreo, con sessioni di studio, discussioni e conferenze che costituiscono una parte importante della cultura ebraica. Il valore attribuito all'istruzione ha aiutato la comunità ebraica a mantenere nel corso dei secoli un forte patrimonio intellettuale e culturale.

Comprendendo questi principi fondamentali e le credenze fondamentali del giudaismo, si può ottenere un apprezzamento più profondo per la ricchezza e la diversità della vita ebraica. Imparare a conoscere l'ebraismo non solo arricchisce la nostra conoscenza del mondo, ma promuove anche il rispetto e l'empatia per coloro che seguono questa fede antica e duratura. Attraverso questa comprensione, possiamo costruire ponti tra diverse comunità e lavorare insieme verso un mondo più inclusivo e armonioso.

CAPITOLO 1

Le origini del giudaismo

I Patriarchi: Abramo, Isacco e Giacobbe

L'ebraismo, una delle religioni più antiche del mondo, affonda le sue radici in tre figure chiave conosciute come i Patriarchi: Abramo, Isacco e Giacobbe. Questi individui sono centrali nella storia e nel credo ebraico, ciascuno dei quali svolge un ruolo cruciale nella formazione e nello sviluppo della fede ebraica. Comprendere la loro vita e il loro significato aiuta ad apprezzare le basi su cui è costruito l'ebraismo.

Abramo, originariamente chiamato Abramo, è spesso chiamato il "padre del monoteismo" perché è considerato la prima persona a insegnare l'idea di un unico Dio. Secondo la Torah, Abramo nacque nella città di Ur in Mesopotamia. Fu chiamato da Dio a lasciare la sua casa e viaggiare verso una nuova terra che Dio gli avrebbe mostrato. Questo viaggio condusse Abramo nella terra di Canaan, che sarebbe poi diventata la terra d'Israele. La chiamata di Dio ad Abramo includeva una promessa: Abraamo sarebbe diventato il padre di una grande nazione e, attraverso i suoi discendenti, tutte le famiglie della terra sarebbero state benedette.

Il viaggio di Abramo non fu solo fisico ma anche spirituale. Dimostrò una fede incrollabile in Dio, anche di fronte a prove difficili. Una delle prove più famose fu quando Dio chiese ad Abramo di sacrificare suo figlio Isacco. Sebbene questa richiesta fosse incredibilmente difficile, Abramo si preparò ad obbedire. All'ultimo momento, un angelo lo fermò e Dio gli fornì invece un ariete da sacrificare. Questa storia è vista come un profondo esempio della fede e dell'obbedienza di Abramo e sottolinea l'importanza della fiducia in Dio all'interno dell'ebraismo.

Il significato di Abramo risiede anche nell'alleanza che Dio ha stretto con lui. Questo patto era un accordo vincolante in cui Dio prometteva di rendere numerosi i discendenti di Abramo e di dare loro la terra di Canaan. In cambio, Abramo e i suoi discendenti dovevano rimanere fedeli a Dio e seguire i Suoi comandamenti. Questa alleanza è fondamentale per l'ebraismo, poiché stabilisce la relazione speciale tra Dio e il popolo ebraico.

Isacco, figlio di Abramo e Sara, continuò l'eredità di suo padre. La sua vita, sebbene meno movimentata in confronto, fu altrettanto importante nello sviluppo del giudaismo. Il nome di Isacco, che significa "riderà", riflette la gioia e la sorpresa dei suoi genitori, che lo hanno avuto nella loro vecchiaia. La storia più notevole di Isacco nella Torah riguarda il suo quasi sacrificio da parte di Abramo, che consolidò il suo ruolo di figura chiave nella storia ebraica.

Isacco sposò Rebecca ed ebbero due figli, Esaù e Giacobbe. La storia della famiglia di Isacco è piena di lezioni sulla fede, sulle dinamiche familiari e sul piano di Dio. Le benedizioni di Isacco e le interazioni con i suoi figli preparano il terreno per il capitolo successivo della storia ebraica. Nonostante la sua vita più tranquilla, la fermezza e la fede di Isacco nelle promesse di Dio furono cruciali per mantenere l'alleanza stabilita con Abramo.

Giacobbe, il figlio minore di Isacco e Rebecca, è un'altra figura fondamentale nella storia ebraica. È conosciuto anche come Israele, nome datogli da Dio dopo un misterioso incontro in cui lottò con un angelo. Questo evento simboleggia le lotte e la perseveranza di Giacobbe, nonché la sua profonda connessione con Dio. Il nuovo nome di Giacobbe, Israele, divenne in seguito il nome della nazione ebraica.

La vita di Giacobbe fu segnata da una serie di eventi significativi che determinarono il futuro del popolo ebraico. Uno dei più notevoli è il suo viaggio ad Haran, dove fuggì per sfuggire all'ira di suo fratello Esaù. Durante questo viaggio, Giacobbe sognò una scala che raggiungeva il cielo, su cui salivano e scendevano gli angeli. In questo sogno, Dio riaffermò l'alleanza stipulata con Abramo e Isacco, promettendo a Giacobbe che i suoi discendenti avrebbero ereditato la terra e sarebbero stati numerosi come la polvere della terra. Questo sogno viene spesso definito la scala di Giacobbe e simboleggia la connessione tra cielo e terra, nonché la continua guida e protezione di Dio.

Ad Haran, Giacobbe lavorò per suo zio Labano e sposò le sue cugine Lea e Rachele. Attraverso questi matrimoni, Giacobbe ebbe dodici figli e una figlia. Questi figli sarebbero diventati gli antenati delle Dodici Tribù di Israele, ciascuna tribù svolgendo un ruolo unico nella storia del popolo ebraico. Le esperienze familiari di Giacobbe, compreso il suo amore per Rachele e le sfide con

Labano, riflettono temi di perseveranza, fede e complessità delle relazioni familiari.

Una delle storie più drammatiche della vita di Giacobbe è il suo ricongiungimento con Esaù. Dopo molti anni Giacobbe ritornò in Canaan, temendo la vendetta di Esaù. Tuttavia, il loro incontro si è rivelato all'insegna della riconciliazione e del perdono, dimostrando il potere della guarigione e dell'unità familiare. Questo evento dimostrò anche la crescita di Giacobbe e la sua capacità di confidare nel piano di Dio nonostante i conflitti del passato.

Gli ultimi anni di Giacobbe furono segnati dal viaggio della sua famiglia in Egitto. Questa mossa fu accelerata da una grave carestia e orchestrata da Giuseppe, uno dei figli di Giacobbe, che aveva raggiunto una posizione di potere in Egitto. La storia di Joseph, piena di temi di tradimento, resilienza e perdono, è parte integrante della comprensione della sopravvivenza e della continuità del popolo ebraico. La migrazione di Giacobbe in

Egitto pose le basi per l'eventuale schiavitù degli Israeliti e la loro successiva liberazione, che è una narrazione centrale nella storia ebraica celebrata durante la Pasqua ebraica.

Le vite di Abramo, Isacco e Giacobbe sono intrecciate con le promesse e le sfide che plasmarono il primo popolo ebraico. Il cammino di fede di Abramo e l'instaurazione dell'alleanza con Dio gettarono le basi per un rapporto che avrebbe definito l'identità ebraica. Il ruolo di Isacco, sebbene più tranquillo, rafforzò la continuità di questa alleanza e sottolineò l'importanza della fiducia e della fedeltà. La vita dinamica di Giacobbe, piena di lotte e trionfi, ha sottolineato i temi della perseveranza, della riconciliazione e della crescita di una famiglia che sarebbe diventata una nazione.

Imparando a conoscere i Patriarchi, acquisiamo una visione approfondita delle origini del giudaismo e dei valori che continuano a guidare la vita ebraica oggi. Queste storie non sono solo resoconti storici, ma sono anche ricche di lezioni sulla fede, sulla famiglia e sul rapporto duraturo tra Dio e il popolo ebraico. Attraverso la comprensione delle vite di Abramo, Isacco e Giacobbe, apprezziamo le radici profonde della tradizione ebraica e l'eredità duratura di queste figure fondamentali.

L'Esodo e l'Alleanza del Sinai

La storia dell'Esodo è uno degli eventi più significativi della storia ebraica, che segna la nascita degli Israeliti come popolo libero e l'instaurazione di un rapporto profondo e duraturo con Dio. Questa narrazione, che si trova nel libro dell'Esodo nella Torah, non è solo un resoconto storico ma una storia piena di miracoli, prove e creazione di importanti fondazioni religiose.

Gli Israeliti, discendenti di Giacobbe (noto anche come Israele), si erano stabiliti in Egitto durante un periodo di carestia. Nel corso di molte generazioni, la loro popolazione è cresciuta in modo significativo. Tuttavia, salì al trono un nuovo faraone che non si ricordava di Giuseppe (il figlio di Giacobbe che era salito al potere in Egitto). Temendo il crescente numero e la forza degli Israeliti, il Faraone li ridusse in schiavitù e li sottopose a duri lavori. Nonostante l'oppressione, gli israeliti continuarono a moltiplicarsi, il che non fece altro che aumentare la paura del faraone. Per controllare la loro popolazione, il faraone ordinò che tutti i neonati ebrei ebrei fossero uccisi.

Nel mezzo di questo brutale decreto, una donna ebrea di nome Iochebed diede alla luce un figlio. Per salvarlo lo mise in una cesta e lo fece galleggiare sul fiume Nilo. La figlia del faraone trovò il bambino e, mossa da compassione, decise di allevarlo come se fosse suo. Lo chiamò Mosè. Sebbene fosse cresciuto nel palazzo egiziano, Mosè era consapevole della sua eredità ebraica. Un giorno, vedendo un egiziano picchiare uno schiavo ebreo, Mosè intervenne e uccise l'egiziano. Temendo per la sua vita, Mosè fuggì nella terra di Madian, dove iniziò una nuova vita come pastore.

Mentre si prendeva cura del suo gregge, Mosè incontrò un roveto ardente che non fu consumato dalle fiamme. Da questo roveto Dio parlò a Mosè, rivelandogli il Suo piano per liberare gli Israeliti dalla schiavitù. Dio ordinò a Mosè di tornare in Egitto e condurre il suo popolo alla libertà. Inizialmente riluttante, Mosè obbedì, confidando nella promessa di Dio di stare con lui.

Mosè tornò in Egitto e, insieme a suo fratello Aronne, affrontò il faraone, chiedendo il rilascio degli israeliti. Il faraone rifiutò e, in risposta, Dio mandò dieci piaghe sull'Egitto. Queste piaghe includevano la trasformazione del Nilo in sangue, sciami di locuste e oscurità. Ogni piaga dimostrava la potenza di Dio e aveva lo scopo di convincere il Faraone a liberare gli Israeliti. La decima e ultima piaga fu la più devastante: la morte del primogenito di ogni famiglia egiziana. Tuttavia, gli israeliti furono risparmiati. Dio ordinò loro di segnare gli stipiti delle loro porte con il sangue di un agnello, e quando l'angelo della morte passò sull'Egitto, risparmiò le case con gli stipiti segnati. Questo evento viene commemorato come Pasqua, che simboleggia la liberazione e la salvezza.

La morte del primogenito costrinse infine il faraone a liberare gli israeliti. Lasciarono l'Egitto in fretta, senza nemmeno permettere alla pasta del pane di lievitare, motivo per cui gli ebrei mangiano pane azzimo, o matzah, durante la Pasqua. Tuttavia, il faraone si pentì presto della sua decisione e inseguì gli israeliti con il suo esercito. Intrappolati tra le forze egiziane e il Mar Rosso, gli israeliti temevano per la propria vita. Ma Dio compì un'azione miracolosa: divise il Mar Rosso, permettendo agli Israeliti di attraversarlo su terreno asciutto. Quando gli egiziani lo seguirono, il mare tornò al suo posto, annegando l'esercito inseguitore.

Dopo la fuga, gli Israeliti viaggiarono attraverso il deserto, affrontando varie sfide come la fame e la sete. Dio provvide a loro, mandando la manna (un tipo di pane) dal cielo e l'acqua da una roccia. Questi miracoli rafforzarono la dipendenza degli Israeliti da Dio e dalla Sua cura per loro.

L'evento più significativo durante questo viaggio fu l'alleanza stipulata sul Monte Sinai. Tre mesi dopo aver lasciato l'Egitto, gli Israeliti si accamparono ai piedi del monte Sinai. Dio chiamò Mosè sulla cima della montagna e consegnò i Suoi comandamenti e le Sue leggi, che sarebbero diventati il fondamento della vita e della fede ebraica. Questi includevano i Dieci Comandamenti, che delineano principi etici fondamentali come onorare i propri genitori, non rubare e non rendere falsa testimonianza.

La consegna della Torah al Monte Sinai fu accompagnata da fenomeni maestosi: tuoni, fulmini, una fitta nuvola e il suono di uno shofar (corno di ariete). Questi segni drammatici sottolineavano l'importanza e la sacralità dell'evento. Dio fece un patto con gli Israeliti, promettendo di essere il loro Dio se fossero stati il Suo popolo e avessero seguito i Suoi comandamenti. Questo patto stabilì una relazione unica tra Dio e gli Israeliti, distinguendoli come popolo eletto con la missione speciale di sostenere e diffondere le leggi e gli insegnamenti di Dio.

Il patto del Sinai prevedeva anche istruzioni dettagliate per la costruzione del Tabernacolo, un santuario portatile dove Dio avrebbe dimorato in mezzo al Suo popolo. Il Tabernacolo simboleggiava la presenza di Dio e forniva un punto focale per il culto e la vita comunitaria. Ospitava l'Arca dell'Alleanza, che conteneva le tavole dei Dieci Comandamenti, sottolineando ulteriormente la centralità delle leggi di Dio nella vita degli Israeliti.

L'Esodo e l'alleanza del Sinai hanno un significato profondo nella tradizione ebraica. Segnano il passaggio dalla schiavitù alla libertà, non solo fisicamente ma spiritualmente. La liberazione dall'Egitto è vista come l'inizio del viaggio degli Israeliti per diventare una nazione dedicata a Dio e ai Suoi comandamenti. Il patto del Sinai stabilì il quadro normativo per la legge, l'etica e il culto ebraico, guidando gli Israeliti nel loro rapporto con Dio e tra loro.

Questi eventi vengono commemorati ogni anno durante la Pasqua ebraica, quando gli ebrei raccontano la storia dell'Esodo e riflettono sui temi della liberazione e della guida divina. La consegna della Torah al Sinai viene celebrata durante la festa di Shavuot, che cade cinquanta giorni dopo la Pasqua ebraica. Shavuot è un momento per onorare il dono della Torah e riaffermare l'impegno a studiare e seguire i suoi insegnamenti.

L'Esodo e l'alleanza del Sinai sono fondamentali per comprendere l'identità e la fede ebraica. La storia dell'Esodo evidenzia i temi della lotta, della liberazione e dell'intervento divino, mentre l'alleanza del Sinai stabilisce le basi per la legge e la comunità ebraica. Questi eventi continuano a ispirare e plasmare la vita ebraica, ricordando agli ebrei il loro rapporto speciale con Dio e la loro responsabilità di osservare i Suoi comandamenti. Attraverso queste narrazioni, i valori duraturi della fede, della perseveranza e dell'impegno per la giustizia e la rettitudine vengono tramandati di generazione in generazione.

Fondazione di Israele: re e profeti

L'istituzione del Regno di Israele rappresenta un periodo affascinante della storia ebraica, segnato dall'ascesa di re e profeti che giocarono un ruolo cruciale nel plasmare l'identità e la fede della nazione. Quest'era inizia dopo che gli Israeliti si stabilirono nella Terra Promessa, dopo il loro lungo viaggio dall'Egitto e il periodo dei giudici che li guidarono attraverso varie sfide.

Inizialmente gli Israeliti vivevano come una libera confederazione di tribù, ciascuna con i propri capi e giudici che fornivano guida e risolvevano le controversie. Tuttavia, di fronte alle minacce esterne e alla disunità interna, gli israeliti iniziarono a desiderare una leadership centralizzata. Volevano un re, come le nazioni vicine, che li unisse e li guidasse nelle battaglie. Dio ordinò al profeta Samuele di ungere Saul come primo re d'Israele. Saul era un giovane alto e bello della tribù di Beniamino, scelto per le sue qualità di leadership.

Il regno di Saul iniziò bene, con successi militari che unirono le tribù e fornirono una certa stabilità. Tuttavia, la disobbedienza di Saul ai comandi di Dio portò alla sua caduta. Non riuscì a distruggere completamente gli Amalechiti come indicato da Dio e offrì sacrifici che solo i sacerdoti potevano compiere. Di conseguenza, Dio rigettò Saul come re e ordinò a Samuele di ungere un nuovo re.

Davide, un giovane pastore della tribù di Giuda, fu scelto per essere il prossimo re. Conosciuto per il suo coraggio, Davide aveva già guadagnato fama sconfiggendo il gigante Golia con una fionda e una pietra. Il regno di Davide segnò l'età dell'oro di Israele. Unì le tribù, stabilì Gerusalemme come capitale e portò l'Arca dell'Alleanza nella città, rendendola il centro religioso e politico di Israele. La leadership e la devozione di Davide a Dio lo resero caro al popolo, ed era conosciuto come un uomo secondo il cuore di Dio.

Nonostante i suoi successi, il regno di Davide non fu privo di disordini personali e politici. La sua relazione con Betsabea e la successiva morte combinata del marito di lei, Uria, portarono conseguenze significative. Tuttavia, il sincero pentimento di Davide e la promessa che la sua dinastia sarebbe durata dimostravano la sua profonda relazione con Dio. L'eredità di Davide includeva i progetti per un magnifico tempio, che suo figlio Salomone avrebbe poi costruito.

Salomone, figlio di Davide, ereditò un regno forte e unificato. Rinomato per la sua saggezza, Salomone è ricordato per aver costruito il Primo Tempio a Gerusalemme, un luogo di culto centrale per gli Israeliti. Il Tempio divenne il punto focale del culto ebraico, ospitando l'Arca dell'Alleanza e fungendo da luogo per importanti rituali e feste religiose. Il regno di Salomone fu caratterizzato da pace e prosperità e rese Israele una nazione potente e ricca.

Tuttavia, gli ultimi anni di Salomone furono segnati dai suoi matrimoni con molte donne straniere che lo influenzarono ad adorare altri dei. Questa idolatria fece arrabbiare Dio e, dopo la morte di Salomone, il regno fu diviso. Le tribù del nord formarono il regno di Israele, mentre le tribù del sud, tra cui Giuda e Beniamino, formarono il regno di Giuda. Questa divisione indebolì entrambi i regni, rendendoli vulnerabili alle minacce esterne.

Durante questo periodo tumultuoso, i profeti giocarono un ruolo fondamentale nel riportare il popolo e i suoi leader sulle vie di Dio. I profeti erano individui scelti da Dio per trasmettere i Suoi messaggi, spesso invitando al pentimento e all'adesione al patto. Non sempre sono stati ben accolti, poiché i loro messaggi spesso sfidavano lo status quo e denunciavano le ingiustizie.

Uno dei profeti più importanti fu Elia, che visse durante il regno del re Achab e della regina Jezebel nel regno settentrionale di Israele. Acab e Izebel promossero l'adorazione di Baal, un dio straniero, allontanando il popolo dall'adorazione del vero Dio. Elia affrontò questa idolatria sfidando i profeti di Baal in una gara sul Monte Carmelo. Dio rispose alle preghiere di Elia mandando fuoco dal cielo, dimostrando la Sua potenza e portando il popolo a riconoscerLo come il vero Dio. L'audacia e i miracoli di Elia dimostravano la continua presenza e potenza di Dio in Israele.

Eliseo, il successore di Elia, continuò la sua opera, compiendo molti miracoli e fornendo guida nei momenti difficili. I suoi miracoli includevano la moltiplicazione dell'olio di una vedova, la resurrezione di un bambino morto e la guarigione dalla lebbra di Naaman, un comandante siriano. Le azioni di Eliseo dimostrarono la compassione di Dio e la capacità di operare tramite i Suoi profeti per aiutare il Suo popolo.

Nel regno meridionale di Giuda, il profeta Isaia ebbe un ruolo significativo. Servì durante i regni di diversi re e fornì consigli durante i periodi di crisi nazionale. Le profezie di Isaia includevano messaggi di giudizio per i peccati del popolo e visioni di speranza e restaurazione. Sottolineò l'importanza di confidare in Dio piuttosto che nelle alleanze politiche e predisse la venuta di un Messia che avrebbe portato pace e salvezza.

Geremia fu un altro importante profeta in Giuda, noto per i suoi avvertimenti sull'imminente invasione babilonese e sulla distruzione di Gerusalemme. Nonostante i suoi messaggi impopolari, Geremia rimase saldo, esortando il popolo a pentirsi e a ritornare a Dio. Le sue profezie si realizzarono quando Babilonia conquistò Gerusalemme, distrusse il Tempio ed esiliò molti

Israeliti. La vita e il ministero di Geremia evidenziarono le conseguenze della disobbedienza ma offrirono anche speranza per una futura restaurazione.

Il periodo dei re e dei profeti fu fondamentale nel plasmare il panorama religioso e politico di Israele. I re, in particolare Davide e Salomone, stabilirono una forte leadership e un culto centralizzato a Gerusalemme. Tuttavia, i loro fallimenti e la conseguente divisione del regno sottolinearono l'importanza della fedeltà ai comandamenti di Dio.

I profeti servirono come messaggeri di Dio, chiamando il popolo e i suoi leader al pentimento e guidandoli nei momenti di crisi. I loro messaggi di giudizio e di speranza rafforzavano il rapporto di alleanza tra Dio e Israele, ricordando al popolo la loro identità e il loro scopo unici.

L'eredità di quest'epoca è profonda e influenza il pensiero, il culto e l'identità ebraica. Le storie dei re e dei profeti sono fondamentali per comprendere la storia e i valori del popolo ebraico. Insegnano lezioni sulla leadership, sulla fede, sul pentimento e sulla relazione duratura tra Dio e il Suo popolo eletto. Attraverso i trionfi e le prove di questo periodo, i temi duraturi della fedeltà di Dio e dell'importanza di aderire alle Sue vie rimangono centrali nella fede ebraica.

CAPITOLO 2

La Torah: il fondamento della fede ebraica

Cos'è la Torah?

La Torah è il testo più sacro del giudaismo e costituisce il fondamento della fede, della tradizione e della legge ebraica. Comprende i primi cinque libri della Bibbia ebraica: Genesi, Esodo, Levitico, Numeri e Deuteronomio. Questi libri sono anche conosciuti collettivamente come Pentateuco, che in greco significa "cinque rotoli". La Torah è considerata la legge scritta donata da Dio agli Israeliti tramite il profeta Mosè.

La parola "Torah" deriva dalla radice ebraica "yarah", che significa "insegnare" o "istruire". Ciò riflette lo scopo della Torah come guida per vivere una vita in linea con la volontà di Dio. Contiene un resoconto di narrazioni, leggi e insegnamenti che hanno plasmato l'identità e la pratica ebraica per migliaia di anni. La Torah non è solo un documento storico ma un testo vivente che continua a informare e ispirare la vita ebraica oggi.

La Genesi, il primo libro della Torah, inizia con la creazione del mondo e introduce le storie dei patriarchi e delle matriarche del popolo ebraico, tra cui Abramo, Isacco, Giacobbe e Giuseppe. Questi racconti gettano le basi per il rapporto tra Dio e gli Israeliti, evidenziando i temi dell'alleanza, della fede e della promessa divina. La Genesi si conclude con la discesa degli Israeliti in Egitto, ponendo le basi per i drammatici eventi dell'Esodo.

L'Esodo racconta la storia della schiavitù degli Israeliti in Egitto, della loro liberazione attraverso la guida di Mosè e della rivelazione sul Monte Sinai. È al Sinai che Dio dona i Dieci Comandamenti e altre leggi, stabilendo un'alleanza con gli Israeliti. Questo patto è centrale nella fede ebraica, poiché significa una relazione speciale tra Dio e il Suo popolo eletto. L'Esodo comprende anche la costruzione del Tabernacolo, un santuario portatile dove dimora la presenza di Dio tra gli Israeliti.

Il Levitico si concentra sulle leggi e sui rituali relativi al culto, alla purezza e alla condotta etica. Contiene istruzioni dettagliate per i sacerdoti (leviti) che prestano servizio nel Tabernacolo, nonché linee guida per mantenere la santità nella vita di tutti i giorni. Il libro sottolinea l'importanza di vivere secondo i comandamenti di Dio e delinea vari sacrifici, feste e leggi dietetiche. I principi di giustizia, compassione e responsabilità comunitaria sono intrecciati in tutto il Levitico.

Numeri continua la narrazione del viaggio degli Israeliti attraverso il deserto, documentando le loro esperienze, sfide e ribellioni. Include i dati del censimento, da cui il nome "Numeri", nonché ulteriori leggi e istruzioni di Dio. Il libro illustra le difficoltà del cammino degli Israeliti e il loro continuo rapporto con Dio, segnato sia dalla fedeltà che dalla disobbedienza. I numeri evidenziano anche la leadership di Mosè e il suo ruolo nel guidare il popolo verso la Terra Promessa.

Il Deuteronomio, l'ultimo libro della Torah, si presenta come una serie di discorsi di Mosè prima della sua morte. Riassume gli eventi e le leggi dei libri precedenti, sottolineando l'importanza della lealtà a Dio e dell'adesione ai Suoi comandamenti. Il Deuteronomio include lo Shema, una dichiarazione centrale della fede ebraica, e ribadisce l'alleanza tra Dio e gli Israeliti. Il libro si conclude con la morte di Mosè e la nomina di Giosuè a suo successore, pronto a condurre il popolo nella Terra Promessa.

Il ruolo della Torah nella tradizione ebraica va oltre il suo contenuto. È la pietra angolare del culto e dello studio ebraico. I rotoli della Torah sono scritti a mano su pergamena da abili scribi e sono trattati con la massima riverenza. Questi rotoli sono conservati nell'Arca dell'Alleanza nelle sinagoghe e vengono letti pubblicamente durante i servizi. La porzione settimanale della Torah, conosciuta come parashah, garantisce che l'intera Torah venga letta nel corso di un anno, favorendo un impegno continuo con il testo.

Oltre alla Torah scritta, la tradizione ebraica include la Torah orale, che comprende interpretazioni, spiegazioni ed ampliamenti del testo scritto. La Torah orale fu infine compilata nella Mishnah e ulteriormente elaborata nel Talmud. Questi testi forniscono un quadro giuridico ed etico completo, guidando la pratica ebraica in vari aspetti della vita. L'interazione tra le tradizioni scritte e orali sottolinea la natura dinamica e in evoluzione della legge e del pensiero ebraico.

Gli insegnamenti della Torah non si limitano ai rituali e alle leggi religiose; essi comprendono un'ampia gamma di principi e valori etici. Concetti come giustizia, gentilezza, umiltà e rispetto per gli altri sono parte integrante del messaggio della Torah. Il comandamento di amare il prossimo come te stesso, che si trova nel Levitico, racchiude il nucleo etico della Torah e funge da principio guida per il comportamento ebraico.

L'istruzione è un aspetto fondamentale dell'impegno con la Torah. La tradizione ebraica pone una forte enfasi sullo studio e sull'apprendimento, considerando la Torah come una fonte di saggezza e guida morale. Fin dalla tenera età, i bambini vengono introdotti alle storie e agli insegnamenti della Torah, favorendo un rapporto permanente con il testo. Le sessioni di studio, note come chevruta, implicano l'apprendimento collaborativo e la discussione, consentendo alle persone di esplorare e interpretare insieme i significati della Torah.

L'influenza della Torah si estende oltre la comunità ebraica. Le sue narrazioni, leggi e insegnamenti etici hanno avuto un profondo impatto sulla civiltà occidentale e sullo sviluppo dei sistemi morali e giuridici in tutto il mondo. I Dieci Comandamenti, in particolare, sono stati abbracciati come principi universali di giustizia e moralità.

Nella vita ebraica contemporanea, la Torah continua ad essere un elemento centrale e unificante. Modella l'osservanza religiosa, la condotta etica e l'identità comunitaria. Celebrazioni come Simchat Torah, che segna il completamento e il riavvio del ciclo annuale di lettura della Torah, evidenziano la gioia e la riverenza con cui la Torah viene considerata. La saggezza senza tempo e la rilevanza duratura della Torah ispirano gli ebrei a navigare nelle complessità della vita moderna rimanendo radicati nella loro antica eredità.

Comprendere la Torah è fondamentale per apprezzare la ricchezza della tradizione ebraica e i valori che guidano il popolo ebraico. Le sue storie, leggi e insegnamenti offrono spunti sull'esperienza umana e sulla ricerca di una vita etica e significativa. Il ruolo della Torah come fondamento della fede ebraica sottolinea il suo significato nel plasmare il passato, il presente e il futuro della comunità ebraica. Attraverso il suo studio e la sua osservanza, gli ebrei mantengono un profondo legame con la loro storia, la loro fede e la loro identità collettiva.

I cinque libri di Mosè

La Torah, conosciuta anche come i Cinque Libri di Mosè, è il fondamento della credenza e della tradizione ebraica. Ciascuno dei suoi cinque libri; Genesi, Esodo, Levitico, Numeri e Deuteronomio contribuiscono in modo unico alla narrativa e alle leggi che definiscono l'ebraismo. Questi libri racchiudono storie, comandamenti e insegnamenti che sono stati centrali nella vita ebraica per millenni.

La Genesi, il primo libro della Torah, si apre con la creazione del mondo. Descrive come Dio creò ogni cosa in sei giorni e si riposò il settimo. Questo libro ci presenta i primi esseri umani, Adamo ed Eva, che vivono nel Giardino dell'Eden finché non disobbediscono a Dio e vengono espulsi. La Genesi continua con le storie dei loro discendenti, tra cui Caino e Abele, e Noè, che costruisce un'arca per salvare la sua famiglia e gli animali da un grande diluvio. Il libro si concentra poi sui patriarchi del popolo ebraico: Abramo, Isacco e Giacobbe. Abramo è chiamato da Dio a lasciare la sua casa e a viaggiare verso una nuova terra, dove Dio promette di fare dei suoi discendenti una grande nazione. La fede e l'obbedienza a Dio di Abraamo vengono messe alla prova in vari modi, incluso il legame di suo figlio Isacco. La storia di Isacco è seguita da quella di suo figlio Giacobbe, che ha dodici figli che diventano i capi delle dodici tribù d'Israele. Il libro si conclude con la storia di Giuseppe, uno dei figli di Giacobbe, che viene venduto come schiavo dai suoi fratelli gelosi ma diventa un potente leader in Egitto. La Genesi pone le basi per i temi dell'alleanza, della fede e delle promesse di Dio agli Israeliti.

L'Esodo, il secondo libro, inizia con gli Israeliti che vivono come schiavi in Egitto. Soffrono in condizioni difficili e Dio sceglie Mosè per condurli alla libertà. Mosè, che è cresciuto nel palazzo del faraone ma in seguito è fuggito dall'Egitto, torna per chiedere al faraone di lasciare andare gli israeliti. Il faraone rifiuta e Dio manda dieci piaghe sull'Egitto, una più devastante della precedente. La piaga finale, la morte dei primogeniti, porta il Faraone a liberare gli Israeliti. Lasciano in fretta l'Egitto, attraversando il Mar Rosso che miracolosamente si separa da loro. Una volta liberi, gli Israeliti si recano al Monte Sinai, dove Dio dà a Mosè i Dieci Comandamenti e altre leggi, stabilendo un'alleanza con il Suo popolo. L'Esodo descrive in dettaglio la costruzione del Tabernacolo, un santuario portatile dove la presenza di Dio dimorerà tra gli Israeliti. Questo libro evidenzia i temi della liberazione, dell'alleanza e dell'istituzione di leggi che guideranno gli Israeliti.

Levitico, il terzo libro, è principalmente un libro di leggi e rituali. Contiene istruzioni dettagliate per i sacerdoti (leviti) che prestano servizio nel Tabernacolo. Il Levitico sottolinea l'importanza della santità e delinea vari sacrifici, offerte e rituali per mantenere la purezza ed espiare i peccati. Comprende anche leggi sulle restrizioni dietetiche, sui festival e sul comportamento etico. Uno dei temi centrali del Levitico è l'idea di essere santi perché Dio è santo. Questo libro insegna agli Israeliti come vivere in modo da onorare Dio e mantenere il loro rapporto di alleanza con Lui. Fornisce linee guida sia per i rituali religiosi che per la condotta quotidiana, garantendo che la vita degli Israeliti sia intrisa di un senso di sacralità.

Numeri, il quarto libro, continua la storia del viaggio degli Israeliti attraverso il deserto. Si inizia con un censimento delle persone, da qui il nome "Numeri". Il libro registra vari eventi e sfide affrontati dagli israeliti durante i loro 40 anni nel deserto. Questi includono ribellioni contro la guida di Mosè, battaglie con le tribù vicine e periodi di dubbio e disobbedienza. Nonostante queste difficoltà, Dio continua a guidare e proteggere il Suo popolo. I numeri includono anche ulteriori leggi e istruzioni di Dio, rafforzando l'importanza dell'obbedienza e della fede. Il libro si conclude con gli Israeliti sul punto di entrare nella Terra Promessa, preparati per la fase successiva del loro viaggio.

Il Deuteronomio, il quinto e ultimo libro, si presenta come una serie di discorsi di Mosè prima della sua morte. In questi discorsi, Mosè ripercorre le leggi e gli eventi dei libri precedenti, sottolineando la necessità di lealtà a Dio e di adesione ai Suoi comandamenti. Il Deuteronomio include lo Shema, una dichiarazione centrale della fede ebraica che inizia con le parole "Ascolta, Israele: il Signore nostro Dio, il Signore è uno". Questo libro introduce anche le benedizioni e le maledizioni che deriveranno dal seguire o dall'ignorare le leggi di Dio. Il Deuteronomio sottolinea l'importanza di ricordare e insegnare queste leggi alle generazioni future. I discorsi di Mosè servono a ricordare con forza l'alleanza tra Dio e gli Israeliti e la necessità di vivere secondo la Sua volontà. Il libro si conclude con la morte di Mosè e la nomina di Giosuè a nuovo leader, pronto a condurre il popolo nella Terra Promessa.

Insieme, i cinque libri di Mosè formano la Torah, una guida completa per la vita ebraica. Contengono un mix di narrazioni e leggi che modellano le pratiche religiose, etiche e comunitarie del popolo ebraico. La Torah viene letta e studiata continuamente, garantendo che i suoi insegnamenti rimangano una parte vitale dell'identità ebraica. Ogni libro contribuisce alla storia complessiva degli Israeliti e al loro rapporto con Dio, evidenziando i temi della creazione, liberazione, alleanza, legge e fede. La saggezza senza tempo della Torah continua a ispirare e guidare gli ebrei di tutto il mondo, collegandoli alla loro antica eredità e tra loro.

Il significato della Torah nella vita ebraica

La Torah è centrale nella vita ebraica, influenzando in modo profondo le pratiche e i rituali quotidiani. Non è solo un testo sacro ma una guida vivente che plasma gli aspetti morali, spirituali e culturali dell'esistenza ebraica. Dal momento in cui un bambino nasce fino alla fine della vita, gli insegnamenti della Torah si intrecciano nel tessuto della vita quotidiana ebraica.

Uno dei modi più significativi in cui la Torah influenza la vita ebraica è attraverso l'osservanza delle mitzvot, o comandamenti. Ci sono 613 mitzvot trovate nella Torah, che coprono vari aspetti della vita. Questi includono comandamenti relativi al culto, al comportamento etico, alle leggi alimentari e alla giustizia sociale. Ad esempio, il comandamento di osservare il sabato, o Shabbat, è uno dei più importanti della tradizione ebraica. Dal venerdì sera al sabato sera, gli ebrei si astengono dal lavoro, si dedicano alla preghiera, godono dei pasti festivi e trascorrono del tempo con la famiglia, in conformità con le istruzioni della Torah di ricordare e santificare il sabato. Questa osservanza settimanale offre un momento di riposo, riflessione e ringiovanimento spirituale.

La Torah guida anche le preghiere e le benedizioni quotidiane. La tradizione ebraica prevede preghiere recitate tre volte al giorno: Shacharit (mattina), Mincha (pomeriggio) e Maariv (sera). Queste preghiere spesso includono passaggi della Torah ed esprimono gratitudine, cercano il perdono e richiedono l'assistenza divina. Lo Shema, una delle preghiere più importanti, è un comando diretto della Torah, che dichiara l'unicità di Dio e l'importanza di amarlo e servirlo con tutto il cuore, l'anima e la forza. Le benedizioni vengono recitate prima e dopo aver mangiato, dopo aver visto le meraviglie naturali e durante molte altre attività quotidiane, ricordando agli ebrei la presenza di Dio in tutti gli aspetti della vita.

Le leggi dietetiche, conosciute come kashrut, sono un altro aspetto significativo della vita ebraica influenzata dalla Torah. Queste leggi stabiliscono quali alimenti sono ammessi (kosher) e come dovrebbero essere preparati e consumati. Ad esempio, la Torah proibisce di mangiare alcuni animali, come maiali e crostacei, e richiede la separazione tra carne e latticini. Queste restrizioni dietetiche non solo influenzano le abitudini alimentari quotidiane, ma favoriscono anche un senso di disciplina e consapevolezza. Mantenere il kosher è un modo per gli ebrei di santificare i propri pasti e mantenere un legame continuo con la propria fede.

Gli eventi del ciclo di vita sono profondamente radicati negli insegnamenti della Torah. La nascita di un bambino viene celebrata con rituali come il Brit Milah (circoncisione) per i ragazzi, eseguito l'ottavo giorno dopo la nascita, seguendo l'alleanza di Dio con Abramo. La Torah influenza anche l'educazione dei bambini ebrei, che iniziano a conoscere le sue storie e le sue leggi fin dalla tenera età. Il Bar o Bat Mitzvah, una cerimonia di raggiungimento della maggiore età all'età di 13 anni per i ragazzi e 12 per le ragazze, segna il punto in cui sono considerati responsabili dell'osservanza delle mitzvot. Questo traguardo viene celebrato con una cerimonia religiosa in cui il giovane legge la Torah nella sinagoga, dimostrando il proprio impegno per la vita e l'apprendimento ebraico.

Il matrimonio nel giudaismo è un'altra area influenzata dalla Torah. La cerimonia nuziale, conosciuta come Kiddushin, comprende diversi rituali che riflettono gli insegnamenti della Torah sull'amore, la collaborazione e l'impegno. La coppia firma una ketubah, un contratto di matrimonio che delinea le rispettive responsabilità reciproche, e la cerimonia spesso include letture della Torah e benedizioni. L'enfasi della Torah sulla famiglia e sulla comunità si riflette nelle celebrazioni del matrimonio, che riuniscono la famiglia allargata e gli amici in un gioioso sostegno alla coppia.

La Torah modella anche la condotta etica e le responsabilità sociali degli ebrei. Insegna valori come la giustizia, la gentilezza e l'umiltà. Il comandamento di "amare il tuo prossimo come te stesso", che si trova nel Levitico, è una pietra angolare dell'etica ebraica, poiché promuove la compassione e l'empatia nelle interazioni con gli altri. Le leggi della Torah sulla carità, o tzedakah, richiedono agli ebrei di donare una parte del loro reddito per aiutare i bisognosi, promuovendo un senso di responsabilità sociale e solidarietà comunitaria. Questi insegnamenti etici guidano il comportamento quotidiano e ispirano atti di gentilezza e generosità.

Le feste e i giorni sacri sono un altro modo significativo in cui la Torah influenza la vita ebraica. Ogni festa ha rituali e tradizioni specifici radicati nelle narrazioni e nei comandamenti della

Torah. La Pasqua ebraica, ad esempio, commemora l'esodo dall'Egitto e include il pasto del Seder, in cui la storia della liberazione viene raccontata attraverso cibi simbolici e letture dell'Haggadah, un testo derivato dalla Torah. Sukkot, la Festa delle Capanne, prevede la costruzione e l'abitazione in strutture temporanee per ricordare il viaggio degli Israeliti nel deserto. Shavuot, la Festa delle Settimane, celebra la consegna della Torah al Monte Sinai e prevede sessioni di studio che durano tutta la notte. Queste feste rafforzano i legami storici e spirituali del popolo ebraico con i suoi testi sacri.

Oltre a queste pratiche, anche la Torah gioca un ruolo centrale nell'educazione e nello studio ebraico. Lo studio della Torah e dei suoi commenti è considerato uno sforzo che dura tutta la vita. La tradizione ebraica valorizza l'apprendimento e incoraggia le persone a impegnarsi con il testo, esplorarne i significati e applicare i suoi insegnamenti alla vita contemporanea. Le Yeshiva (istituzioni educative ebraiche) e i gruppi di studio forniscono ambienti per uno studio profondo e continuo, in cui gli studenti analizzano la Torah e si impegnano in discussioni per scoprirne i livelli di significato. Questo impegno nell'apprendimento garantisce che la saggezza della Torah venga tramandata di generazione in generazione e rimanga rilevante nei tempi moderni.

L'influenza della Torah si estende al culto comunitario e alla vita sinagogale. La lettura della Torah è una componente centrale dei servizi sinagogali. Ogni settimana, una parte della Torah viene letta ad alta voce, seguendo un ciclo annuale che culmina nella celebrazione di Simchat Torah, quando il ciclo ricomincia. Questa lettura pubblica rafforza l'aspetto comunitario dello studio della Torah e consente all'intera congregazione di impegnarsi con il testo. La Torah è trattata con grande riverenza durante queste letture, spesso adornata con coperture e corone decorative e maneggiata con cura e rispetto.

L'impatto della Torah sulla vita ebraica è profondo e multiforme. Modella le pratiche quotidiane, la condotta etica, gli eventi del ciclo di vita e il culto comunitario. I suoi insegnamenti forniscono un quadro per vivere una vita spiritualmente significativa, eticamente sana e profondamente connessa alla comunità ebraica e alla sua eredità. Attraverso i suoi comandamenti, storie e saggezza, la Torah continua a guidare e ispirare gli ebrei di tutto il mondo, offrendo una fonte senza tempo di guida e forza nella loro vita quotidiana.

CAPITOLO 3

Il Talmud e la letteratura rabbinica

Comprendere il Talmud

Il Talmud è un testo centrale nel giudaismo, secondo solo alla Torah per importanza. Si tratta di una raccolta completa della legge, dell'etica, dei costumi e della storia ebraica, sviluppata nel corso dei secoli da numerosi studiosi. Per comprendere il Talmud è necessario conoscere le sue due componenti principali: la Mishnah e la Gemara.

La Mishnah, la prima parte del Talmud, fu compilata intorno al 200 d.C. da Rabbi Judah il Principe. Si tratta di una raccolta scritta di tradizioni orali tramandate da generazioni. Prima della Mishnah, gli insegnamenti ebraici venivano trasmessi oralmente, ma a causa degli sconvolgimenti e delle dispersioni del popolo ebraico, era necessario preservarli per iscritto. La Mishnah è organizzata in sei ordini, ciascuno dei quali tratta aspetti diversi della vita ebraica. Questi ordini sono Zeraim (Semi), Moed (Feste), Nashim (Donne), Nezikin (Danni), Kodashim (Cose sante) e Tohorot (Purezze). Ogni ordine contiene più trattati, ulteriormente suddivisi in capitoli e leggi. Zeraim, ad esempio, si occupa di leggi e preghiere agricole, mentre Nashim affronta questioni legate al matrimonio e alla famiglia.

La Gemara è la seconda parte del Talmud, creata nei secoli successivi alla Mishnah. La Gemara è un commento alla Mishnah, che fornisce ulteriori spiegazioni, discussioni e interpretazioni dei suoi insegnamenti. Esistono due versioni della Gemara: il Talmud gerosolimitano (Talmud Yerushalmi) e il Talmud babilonese (Talmud Bavli). Il Talmud babilonese, completato intorno al 500 d.C., è più completo e ampiamente studiato del Talmud di Gerusalemme. La Gemara contiene dibattiti e dialoghi tra rabbini, conosciuti come Amoraim, che analizzano le leggi della Mishnah e le approfondiscono, spesso esplorando varie opinioni e prospettive.

Insieme, la Mishnah e la Gemara formano il Talmud, creando un vasto e intricato corpo di conoscenza. Il Talmud è scritto in un misto di ebraico e aramaico, le lingue parlate dal popolo ebraico durante la sua compilazione. Studiare il Talmud può essere impegnativo a causa della sua struttura complessa e della profondità delle sue discussioni. Tuttavia è considerata una pratica gratificante ed essenziale per comprendere la legge e il pensiero ebraico.

Il Talmud affronta quasi ogni aspetto della vita, dai rituali religiosi e dall'etica al diritto civile e penale. Include discussioni sulla preghiera, sulle leggi alimentari, sul matrimonio, sul commercio e molto altro. I rabbini che contribuirono al Talmud spesso affrontavano questi argomenti attraverso domande e risposte, utilizzando ragionamenti logici e riferimenti scritturali per esplorare diversi punti di vista. Questo metodo di studio incoraggia il pensiero critico e un profondo coinvolgimento con il testo.

Una caratteristica fondamentale del Talmud è il suo stile dialettico, in cui vengono presentate e discusse molteplici opinioni. I rabbini non cercavano sempre di giungere ad una conclusione finale; hanno invece valorizzato il processo di discussione e l'esplorazione di diverse prospettive. Questo approccio riflette la tradizione ebraica di valorizzare il dialogo e l'interpretazione continua. Anche quando si raggiunge un consenso, le opinioni minoritarie vengono spesso preservate nel testo, evidenziando il rispetto dei diversi punti di vista.

L'influenza del Talmud si estende oltre la legge religiosa fino agli insegnamenti etici e filosofici. Contiene molte storie, parabole e detti che trasmettono lezioni morali e intuizioni spirituali.

Questi insegnamenti enfatizzano valori come la giustizia, la gentilezza, l'umiltà e l'importanza dell'apprendimento. Ad esempio, un insegnamento ben noto del Talmud è il detto di Rabbi Akiva: "Ama il tuo prossimo come te stesso; questo è il grande principio della Torah". Tali insegnamenti hanno avuto un profondo impatto sul pensiero e sulla pratica ebraica nel corso della storia.

Lo studio del Talmud è considerato un impegno che dura tutta la vita. L'educazione ebraica tradizionale pone grande enfasi sullo studio del Talmud, incoraggiando gli studenti a impegnarsi con il testo fin dalla giovane età. Le Yeshiva, o istituzioni educative ebraiche, spesso si concentrano fortemente sugli studi talmudici, dove gli studenti trascorrono molte ore ogni giorno approfondendone le pagine. Il processo di studio del Talmud implica non solo la lettura del testo ma anche l'impegno in discussioni e dibattiti con altri studenti e insegnanti, noti come studio chavruta. Questo approccio collaborativo aiuta gli studenti a sviluppare una comprensione più profonda del materiale e ad affinare le proprie capacità analitiche.

Gli insegnamenti del Talmud sono stati tramandati di generazione in generazione, e ogni nuova generazione di studiosi ha aggiunto le proprie interpretazioni e intuizioni. Questo continuo processo di interpretazione è noto come Torah she-be'al peh, la Torah orale, e garantisce che il Talmud rimanga un testo vivo e dinamico. Nel corso della storia, numerosi commenti sono stati scritti sul Talmud da rinomati rabbini, come Rashi e i Tosafisti, che forniscono ulteriori spiegazioni e contesto. Questi commenti sono spesso studiati insieme al Talmud, offrendo ulteriori livelli di comprensione.

L'impatto del Talmud sulla vita ebraica è profondo e di vasta portata. Fornisce il fondamento per l'Halacha, la legge ebraica, che governa molti aspetti della vita quotidiana. Che si tratti di osservare il sabato, condurre affari o risolvere controversie, gli insegnamenti del Talmud guidano la pratica ebraica e assicurano la continuità con la tradizione. La sua enfasi sul comportamento etico e sulla giustizia influenza anche la vita sociale e comunitaria ebraica, promuovendo valori che contribuiscono al benessere degli individui e della società.

Nei tempi moderni, il Talmud continua ad essere studiato e venerato dagli ebrei di tutto il mondo. I suoi insegnamenti non sono rilevanti solo per l'osservanza religiosa, ma offrono anche spunti sui dilemmi etici e sulle questioni morali affrontate oggi. Il metodo di analisi e dibattito rigorosi del Talmud può essere applicato a questioni contemporanee, fornendo un quadro per un processo decisionale ponderato e informato. Il processo di coinvolgimento con il Talmud favorisce un profondo senso di connessione con il patrimonio e l'identità ebraica, nonché un impegno per l'apprendimento e la crescita permanente.

Comprendere il Talmud e le sue componenti, la Mishnah e la Gemara, è essenziale per apprezzare la ricchezza e la complessità della tradizione ebraica. Gli insegnamenti del Talmud hanno plasmato la legge, l'etica e il pensiero ebraico per secoli, e il suo studio rimane una pietra angolare dell'educazione e della pratica ebraica. Attraverso le sue intricate discussioni e le sue profonde intuizioni, il Talmud offre una fonte senza tempo di saggezza e guida, collegando gli ebrei al loro passato e ispirandoli a vivere con scopo e integrità.

Testi e commenti rabbinici chiave

I testi e i commenti rabbinici hanno svolto un ruolo cruciale nel plasmare la legge e la tradizione ebraica nel corso della storia. Questi scritti si basano sulle fondamenta gettate dalla Torah e dal Talmud, offrendo ulteriori interpretazioni, norme legali e approfondimenti che continuano a guidare la vita ebraica. Tra i testi rabbinici più importanti ci sono la Mishnah, la Tosefta, il Midrash e i vari commenti di stimati rabbini come Rashi, Maimonide e i Tosafisti.

La Mishnah, compilata da Rabbi Judah il Principe intorno al 200 d.C., è uno dei testi rabbinici più antichi e significativi. Organizza le tradizioni orali ebraiche in un codice di legge scritto, fornendo una panoramica completa dei principi e delle pratiche legali ebraiche. La Mishnah è divisa in sei ordini, ciascuno dei quali tratta aspetti diversi della vita ebraica, come le leggi agricole, le feste, le questioni familiari, il diritto civile e penale, il servizio del tempio e la purezza rituale. Questo testo funge da base per le successive discussioni e interpretazioni rabbiniche trovate nel Talmud.

A complemento della Mishnah c'è la Tosefta, una raccolta di insegnamenti che non erano inclusi nella Mishnah. La Tosefta, che significa "supplemento", offre ulteriori approfondimenti e pareri legali che ampliano gli insegnamenti della Mishnah. Compilata più o meno nello stesso periodo della

Mishnah, la Tosefta fornisce un contesto prezioso e punti di vista alternativi, arricchendo lo studio della legge ebraica.

La letteratura midrashica è un'altra importante categoria di testi rabbinici. Il Midrash consiste in interpretazioni omiletiche delle Scritture Ebraiche, spesso esplorando significati più profondi e lezioni derivate dal testo biblico. Le opere midrashiche possono essere suddivise in due tipologie principali: Midrash Halacha, che si concentra sulle interpretazioni legali, e Midrash Aggadah, che include insegnamenti morali, storie e folklore. Questi scritti mirano a scoprire strati di significato nascosti nel testo biblico, collegando le antiche scritture alle vite e alle esperienze del popolo ebraico.

Tra i commentatori rabbinici più influenti c'è Rashi, Rabbi Shlomo Yitzchaki, vissuto nell'XI secolo. Il commento di Rashi alla Torah e al Talmud è rinomato per la sua chiarezza e accessibilità. Le sue spiegazioni forniscono intuizioni essenziali sul significato chiaro del testo, così come interpretazioni più profonde che sono diventate parte integrante dello studio ebraico. Il lavoro di Rashi è spesso il primo commento che gli studenti incontrano, e i suoi insegnamenti continuano a essere una pietra angolare dell'educazione ebraica.

Maimonide, noto anche come Rambam, era un filosofo, giurista e medico ebreo medievale che diede un contributo significativo alla legge e al pensiero ebraico. La sua opera più famosa, la Mishneh Torah, è un codice completo di legge ebraica che organizza e chiarisce sistematicamente i principi legali presenti nel Talmud. La Mishneh Torah copre tutti gli aspetti della vita ebraica, dai rituali quotidiani alla condotta etica e al diritto civile. La presentazione chiara e logica della legge da parte di Maimonide ha reso la sua opera un riferimento duraturo per la pratica legale ebraica.

I Tosafisti, un gruppo di rabbini medievali, sono noti per i loro commenti al Talmud. Il Tosafot, il loro lavoro collettivo, consiste in analisi dettagliate e critiche del testo talmudico, spesso concentrandosi sulla risoluzione delle contraddizioni e sull'esplorazione di complesse questioni legali. I Tosafisti si basarono sul commento di Rashi, fornendo ulteriore profondità e ampiezza allo studio talmudico. I loro contributi sono essenziali per comprendere le sfumature della legge talmudica e la sua applicazione.

Lo Shulchan Aruch, scritto dal rabbino Joseph Caro nel XVI secolo, è un altro testo rabbinico chiave che ha plasmato la legge e la tradizione ebraica. Quest'opera è una codificazione della legge ebraica, destinata a fornire indicazioni chiare e pratiche per l'osservanza quotidiana. Lo Shulchan Aruch è diviso in quattro sezioni: Orach Chayim (leggi della vita quotidiana e delle feste), Yoreh De'ah (leggi di kashrut, purezza e altri argomenti), Even HaEzer (leggi del matrimonio e della famiglia) e Choshen

Mishpat (leggi del matrimonio e della famiglia). diritto civile e penale). Il rabbino Moses Isserles, noto come Rema, aggiunse glosse allo Shulchan Aruch per incorporare usi e pratiche ashkenaziti, rendendolo una guida completa per ebrei di diversa estrazione.

Anche le opere dei cabalisti, o mistici ebrei, svolgono un ruolo significativo nella letteratura rabbinica. Lo Zohar, attribuito a Rabbi Shimon bar Yochai, è il testo centrale del pensiero cabalistico. Scritto in aramaico, lo Zohar esplora le dimensioni mistiche della Torah, offrendo intuizioni profonde sulla natura di Dio, dell'universo e dell'anima. Gli insegnamenti cabalistici hanno influenzato la spiritualità, la preghiera e i rituali ebraici, aggiungendo una dimensione mistica alla comprensione della tradizione ebraica.

I responsa rabbinici, o She'elot U-Teshuvot, sono un'altra importante categoria della letteratura rabbinica. Si tratta di raccolte di domande e risposte su varie questioni legali ed etiche, scritte da eminenti rabbini in risposta alle domande delle loro comunità. La letteratura Responsa abbraccia molti secoli e regioni, riflettendo la diversità dell'esperienza ebraica e l'adattabilità della legge ebraica alle mutevoli circostanze. Questi scritti forniscono soluzioni pratiche ai problemi contemporanei, fondate sui principi della Torah e del Talmud.

Il rabbino Moshe Feinstein, un'autorità rabbinica del XX secolo, è noto per il suo ampio responsa, Igrot Moshe. Le sue sentenze legali affrontano una vasta gamma di questioni moderne, dall'etica medica ai progressi tecnologici, dimostrando la rilevanza della legge ebraica nel mondo contemporaneo. I responsa del rabbino Feinstein sono studiati sia da studiosi che da laici, offrendo indicazioni su come affrontare le complessità della vita moderna pur rimanendo fedele alla tradizione ebraica.

La letteratura rabbinica comprende anche gli insegnamenti etici del movimento Musar, emerso nel XIX secolo. Il movimento Musar enfatizza la crescita personale e la condotta etica, attingendo ai testi rabbinici per ispirare l'auto-miglioramento e lo sviluppo spirituale. Opere come Mesillat Yesharim (Il sentiero dei giusti) di Rabbi Moshe Chaim Luzzatto forniscono consigli pratici su come coltivare virtù come l'umiltà, la pazienza e la generosità. Il movimento Musar ha avuto un impatto duraturo sull'educazione ebraica e sulla pratica etica, incoraggiando gli individui a lottare per l'eccellenza morale.

Questi testi e commenti rabbinici chiave costituiscono un ricco arazzo del pensiero e della legge ebraica. Si basano sugli insegnamenti fondamentali della Torah e del Talmud, offrendo ulteriore interpretazione, guida e ispirazione. Attraverso lo studio di questi scritti, gli ebrei si collegano alla loro eredità, approfondiscono la comprensione della loro fede e trovano una direzione pratica e spirituale per la loro vita. Questi testi riflettono la natura dinamica ed in evoluzione della tradizione ebraica, garantendo che rimanga vibrante e rilevante attraverso le generazioni.

Il ruolo dei dibattiti rabbinici nella definizione della legge ebraica

I dibattiti rabbinici hanno svolto un ruolo cruciale nel plasmare la legge ebraica. Queste discussioni non sono solo esercizi intellettuali ma sono essenziali per comprendere, interpretare e applicare gli insegnamenti ebraici a situazioni di vita reale. La tradizione del dibattito e della discussione, nota come machloket, risale agli albori del giudaismo rabbinico e continua a influenzare la vita ebraica oggi.

Uno degli aspetti fondamentali del dibattito rabbinico è la sua presenza nel Talmud. Il Talmud è una vasta raccolta di insegnamenti, leggi e storie rabbiniche, strutturati attorno alla Mishnah. Le discussioni nel Talmud sono caratterizzate da analisi dettagliate e dibattiti tra i rabbini. Questi dibattiti spesso comportano l'esame di diverse interpretazioni di una legge, l'esplorazione delle ragioni alla base delle varie sentenze e la considerazione delle implicazioni di ciascuna prospettiva. L'obiettivo è raggiungere una comprensione più profonda della legge e garantire che venga applicata in modo giusto e appropriato.

Un famoso esempio di dibattito rabbinico sono i disaccordi tra le scuole di Hillel e Shammai, due eminenti rabbini vissuti nel I secolo aEV. I loro dibattiti coprivano una vasta gamma di argomenti, dalla purezza rituale al comportamento etico. Il Talmud registra molti casi in cui le due scuole non erano d'accordo, ciascuna presentando argomentazioni ben motivate a sostegno delle proprie posizioni. Sebbene in genere prevalessero i seguaci di Hillel, il Talmud spesso preserva le opinioni di entrambe le scuole, dimostrando rispetto per le diverse opinioni e il valore di una discussione approfondita.

Questi dibattiti servono a diversi scopi importanti. In primo luogo, assicurano che la legge ebraica rimanga dinamica e adattabile. Impegnandosi nel dibattito, i rabbini possono considerare nuove circostanze e sfide che potrebbero non essere state affrontate nei testi precedenti. Questo processo consente alla legge ebraica di evolversi in risposta ai mutevoli contesti sociali, culturali e tecnologici. Ad esempio, i rabbini contemporanei potrebbero discutere questioni relative all'etica medica, alle pratiche commerciali o alla responsabilità ambientale, applicando i principi tradizionali ai dilemmi moderni.

In secondo luogo, i dibattiti rabbinici promuovono una cultura del pensiero critico e del rigore intellettuale. Gli studenti del Talmud vengono addestrati ad analizzare gli argomenti, identificare i principi sottostanti e valutare diversi punti di vista. Questo metodo di studio incoraggia il pensiero indipendente e la capacità di affrontare questioni complesse. Promuove anche un senso di umiltà, poiché gli studenti riconoscono che nessuna singola prospettiva contiene tutte le risposte e che c'è sempre altro da imparare.

In terzo luogo, i dibattiti aiutano a chiarire e perfezionare la legge ebraica. Esplorando le diverse interpretazioni e considerando le loro implicazioni, i rabbini possono sviluppare una comprensione più precisa e sfumata della legge. Questo processo spesso implica l'identificazione dei valori sottostanti e dei principi etici che guidano le decisioni legali. Ad esempio, i dibattiti sull'osservanza del sabato potrebbero esaminare l'equilibrio tra riposo e produttività, oppure le discussioni sulle leggi alimentari potrebbero esplorare temi di santità e disciplina. Attraverso il dibattito, i rabbini possono articolare questi principi in modo più chiaro e garantire che vengano applicati in modo coerente.

La struttura del dibattito rabbinico segue spesso uno schema distintivo. Una tipica discussione talmudica inizia con una domanda o un'affermazione di diritto, seguita da una serie di argomenti e controargomentazioni. I rabbini potrebbero citare versetti scritturali, precedenti sentenze legali o ragionamenti logici per sostenere le loro posizioni. La discussione può includere scenari ipotetici per testare l'applicazione della legge in diversi contesti. Infine, il dibattito può concludersi con una risoluzione o una dichiarazione che riconosca la validità di molteplici prospettive.

Questo metodo dialettico è noto come pilpul, che significa "pepe" in ebraico, e riflette il carattere tagliente e stimolante delle discussioni. Pilpul incoraggia gli studenti a pensare profondamente e a interagire con il testo in modo vivace e interattivo. Sottolinea inoltre l'importanza del dialogo e della collaborazione nella ricerca della verità. Piuttosto che cercare di vincere una disputa, l'obiettivo è arrivare ad una comprensione più completa della legge.

Uno dei risultati più significativi del dibattito rabbinico è lo sviluppo della letteratura responsa, o She'elot U-Teshuvot. I responsa sono risposte scritte dei rabbini a specifiche questioni legali poste da individui o comunità. Questi testi spesso comportano analisi e dibattiti dettagliati, attingendo al Talmud e ad altre fonti rabbiniche per fornire sentenze autorevoli. La letteratura Responsa abbraccia molti secoli e copre una vasta gamma di argomenti, dai rituali religiosi al diritto civile.

I Responsa svolgono un ruolo cruciale nell'adattare la legge ebraica alle nuove situazioni. Ad esempio, una comunità potrebbe cercare indicazioni su come osservare il sabato in una società industriale, oppure un individuo potrebbe interrogarsi sulle implicazioni etiche di una nuova procedura medica. Nel rispondere a queste domande, i rabbini si impegnano nel dibattito e nell'analisi, considerando i principi e i precedenti rilevanti. Le loro sentenze contribuiscono allo sviluppo continuo della legge ebraica, garantendo che rimanga rilevante e rispondente alle sfide contemporanee.

Un altro aspetto importante del dibattito rabbinico è il suo ruolo nel promuovere la coesione comunitaria e il comportamento etico. Impegnandosi nel dibattito, i rabbini modellano un processo di rispettoso disaccordo e dialogo costruttivo. Questo approccio aiuta a costruire un senso di comunità e valori condivisi, anche a fronte di opinioni divergenti. Sottolinea inoltre l'importanza della condotta etica, poiché i dibattiti spesso esplorano le dimensioni morali delle questioni legali. Ad esempio, le discussioni sulla beneficenza potrebbero prendere in considerazione l'equilibrio tra responsabilità individuale e sostegno comunitario, oppure i dibattiti sull'etica aziendale potrebbero affrontare questioni di onestà ed equità.

I dibattiti rabbinici evidenziano anche l'importanza dell'intenzione e del contesto nelle sentenze legali. Il Talmud considera spesso le motivazioni e le circostanze dietro le azioni, riconoscendo che lo stesso comportamento potrebbe avere implicazioni diverse a seconda del contesto. Questa attenzione all'intenzione e al contesto consente un'applicazione più flessibile e compassionevole della legge, tenendo conto delle complessità del comportamento umano.

I dibattiti rabbinici sono un aspetto fondamentale della legge e della tradizione ebraica. Garantiscono che la legge rimanga dinamica e adattabile, promuovono il pensiero critico e il rigore intellettuale e aiutano a chiarire e affinare i principi giuridici. Attraverso il metodo dialettico del pilpul, i rabbini si impegnano in un dialogo vivace e costruttivo, esplorando diverse prospettive e arrivando a una comprensione più profonda della legge. La letteratura Responsa e l'enfasi sull'intenzione e sul contesto contribuiscono ulteriormente allo sviluppo della legge ebraica, garantendo che rimanga rilevante e rispondente ai bisogni della comunità. In definitiva, i dibattiti rabbinici riflettono i valori di umiltà, collaborazione e condotta etica, guidando il popolo ebraico nella ricerca della giustizia e della santità.

CAPITOLO 4

Legge ebraica (Halacha)

La struttura e le fonti del diritto ebraico (Halacha)

La legge ebraica, conosciuta come Halacha, è un sistema completo che guida quasi ogni aspetto della vita ebraica. Comprende rituali religiosi, comportamenti etici e questioni civili, fornendo un quadro per vivere in conformità con i valori e le tradizioni ebraiche. La struttura e le fonti dell'Halacha sono complesse, radicate in testi antichi e plasmate da secoli di interpretazione e dibattito rabbinico.

La fonte primaria della legge ebraica è la Torah, che consiste dei primi cinque libri della Bibbia ebraica: Genesi, Esodo, Levitico, Numeri e Deuteronomio. La Torah è considerata il testo fondamentale del giudaismo, contenente i comandamenti, le storie e gli insegnamenti che definiscono la fede ebraica. All'interno della Torah ci sono 613 comandamenti, o mitzvot, che includono sia comandamenti positivi (cose che gli ebrei sono tenuti a fare) che comandamenti negativi (cose che agli ebrei è vietato fare). Questi comandamenti coprono un'ampia gamma di ambiti, tra cui l'osservanza religiosa, la condotta morale e la giustizia sociale.

Mentre la Torah fornisce il fondamento, l'interpretazione e l'applicazione dei suoi comandamenti sono elaborate nel Talmud. Il Talmud è un testo centrale nel giudaismo rabbinico, costituito da due componenti principali: la Mishnah e la Gemara. La Mishnah, compilata intorno al 200 d.C. da Rabbi Judah il Principe, organizza le tradizioni orali ebraiche in un codice di leggi scritto. È diviso in sei ordini, ciascuno dei quali tratta aspetti diversi della vita ebraica, come le leggi agricole, le feste, le questioni familiari, il diritto civile e penale, il servizio del tempio e la purezza rituale.

La Gemara, che fu compilata nei secoli successivi, è un commento alla Mishnah che esplora e amplia i suoi insegnamenti. La Gemara include dibattiti, interpretazioni e storie che forniscono una visione più profonda delle leggi delineate nella Mishnah. Insieme, la Mishnah e la Gemara formano il Talmud, che è diviso in due versioni: il Talmud babilonese e il Talmud gerosolimitano. Il Talmud babilonese è più completo ed è la versione più comunemente studiata.

Anche le sentenze e i commenti rabbinici sono fonti essenziali dell'Halacha. Nel corso della storia, i rabbini hanno scritto ampi commenti sulla Torah e sul Talmud, offrendo interpretazioni e sentenze legali che affrontano nuove situazioni e sfide. Uno dei commentatori rabbinici più famosi è Rashi, vissuto nell'XI secolo. I commenti di Rashi alla Torah e al Talmud sono molto apprezzati per la loro chiarezza e profondità, fornendo spunti essenziali che aiutano a spiegare il testo.

Maimonide, un altro influente studioso rabbinico, compilò la Mishneh Torah nel XII secolo. Quest'opera organizza e codifica sistematicamente la legge ebraica, rendendola più accessibile e più facile da studiare. La Mishneh Torah copre tutti gli aspetti della vita ebraica, dai rituali quotidiani alla condotta etica e al diritto civile. L'approccio logico e globale di Maimonide ha reso la sua opera un riferimento duraturo per la pratica legale ebraica.

Lo Shulchan Aruch, scritto dal rabbino Joseph Caro nel XVI secolo, è un altro testo chiave nello studio dell'Halacha. Lo Shulchan Aruch è una codificazione della legge ebraica che fornisce una guida chiara e pratica per l'osservanza quotidiana. È diviso in quattro sezioni: Orach Chayim (leggi della vita quotidiana e delle feste), Yoreh De'ah (leggi di kashrut, purezza e altri argomenti), Even HaEzer (leggi del matrimonio e della famiglia) e Choshen

Mishpat (leggi civili e diritto penale). Il rabbino Moses Isserles, noto come Rema, aggiunse glosse allo Shulchan Aruch per incorporare usi e pratiche ashkenaziti, rendendolo una guida completa per ebrei di diversa estrazione.

Oltre a queste opere importanti, i responsa rabbinici, o She'elot U-Teshuvot, svolgono un ruolo cruciale nello sviluppo dell'Halacha. I responsa sono risposte scritte dei rabbini a specifiche questioni legali poste da individui o comunità. Questi testi spesso comportano analisi e dibattiti dettagliati, attingendo alla Torah, al Talmud e ad altre fonti rabbiniche per fornire sentenze autorevoli. La letteratura Responsa abbraccia molti secoli e copre una vasta gamma di argomenti, dai rituali religiosi al diritto civile.

I Responsa aiutano ad adattare la legge ebraica alle nuove situazioni e sfide. Ad esempio, i rabbini contemporanei potrebbero scrivere responsa affrontando questioni legate alla tecnologia moderna, all'etica medica o ai cambiamenti sociali. Impegnandosi in analisi e dibattiti dettagliati, assicurano che la legge ebraica rimanga rilevante e rispondente alle esigenze contemporanee. Questo processo di interpretazione e adattamento riflette la natura dinamica dell'Halacha, che si evolve nel tempo pur rimanendo radicata nelle antiche tradizioni.

Un'altra importante fonte di Halacha è l'insieme dei minhagim, o costumi, che si sono sviluppati all'interno di diverse comunità ebraiche. Le usanze possono variare ampiamente in base a fattori geografici, culturali e storici. Ad esempio, gli ebrei sefarditi (discendenti di ebrei provenienti da Spagna, Portogallo e Medio Oriente) e gli ebrei ashkenaziti (discendenti di ebrei dell'Europa centrale e orientale) hanno pratiche liturgiche, costumi alimentari e osservanze rituali diverse. Anche se le usanze non sono vincolanti quanto le leggi derivate dalla Torah e dal Talmud, esse svolgono un ruolo significativo nel plasmare la vita quotidiana e le identità delle comunità ebraiche.

Il processo di studio e interpretazione dell'Halacha è continuo e collaborativo. Gli studiosi e gli studenti ebrei si impegnano in uno studio rigoroso, spesso in coppia o in gruppo, per analizzare testi, discutere interpretazioni ed esplorare principi legali. Questo metodo di studio, noto come chavruta, incoraggia il pensiero critico, il dialogo e lo sviluppo di connessioni profonde e personali con la materia. Attraverso chavruta, gli studenti imparano a mettere in discussione, dibattere e affinare la loro comprensione della legge ebraica.

Lo studio halachico è guidato anche da principi e valori etici. La legge ebraica enfatizza la giustizia, la compassione e il rispetto per la dignità umana. Questi valori informano le norme legali e garantiscono che Halacha promuova non solo l'osservanza rituale ma anche una condotta etica. Ad esempio, le leggi relative alla beneficenza (tzedakah), alle pratiche commerciali corrette e al trattamento degli altri riflettono le dimensioni etiche dell'Halacha.

La struttura e le fonti dell'Halacha sono radicate nella Torah, ampliate attraverso il Talmud e ulteriormente sviluppate dalle sentenze e dai responsa rabbinici. Opere importanti come la Mishneh Torah e lo Shulchan Aruch forniscono guide complete alla legge ebraica, mentre i minhagim riflettono le diverse usanze delle comunità ebraiche. Lo studio e l'interpretazione dell'Halacha sono processi dinamici che implicano un'analisi rigorosa, un dibattito e una riflessione etica. Attraverso questo continuo impegno con i testi e le tradizioni ebraiche, l'Halacha rimane una struttura viva e in evoluzione che guida la vita quotidiana e la condotta etica degli ebrei in tutto il mondo.

Pratiche e rituali quotidiani

Le pratiche e i rituali quotidiani sono centrali nella vita ebraica, fornendo struttura e significato dalla mattina alla sera. La legge ebraica, o Halacha, prescrive varie attività che aiutano le persone a connettersi con la propria fede, comunità e Dio. Queste pratiche sono progettate per infondere nelle azioni quotidiane un significato spirituale, ricordando agli ebrei i loro impegni e valori.

Uno dei primi rituali della giornata inizia subito dopo il risveglio. La tradizione ebraica incoraggia le persone a recitare la preghiera "Modeh Ani", una breve ma significativa espressione di gratitudine per il dono di un nuovo giorno. Questa preghiera dà un tono positivo, favorendo un atteggiamento di gratitudine fin dall'inizio della giornata. Dopo essersi lavati le mani in un modo specifico, noto come "Netilat Yadayim", per simboleggiare la purezza spirituale, gli ebrei sono pronti a continuare la loro routine mattutina.

Le preghiere del mattino, o "Shacharit", sono una pietra angolare della pratica ebraica quotidiana. Queste preghiere possono essere recitate individualmente o, preferibilmente, con un minyan, un quorum di dieci ebrei adulti richiesto per il culto comunitario. Il servizio Shacharit comprende diverse preghiere chiave, come la "Shema", una dichiarazione di fede in un unico Dio, e la "Amidah", una serie di benedizioni che coprono vari aspetti della vita, dalla salute alla pace. Durante queste preghiere viene indossato il Tallit, uno scialle da preghiera, insieme ai Tefillin, piccole scatole nere contenenti rotoli di versetti della Torah, che sono legati al braccio e alla fronte come ricordo dei comandamenti di Dio.

Dopo le preghiere del mattino, in genere iniziano le attività della giornata, ma la legge ebraica continua a guidare comportamenti e scelte. Ad esempio, le leggi dietetiche, note come "Kashrut", regolano quali alimenti possono essere consumati e come dovrebbero essere preparati. Queste leggi includono il divieto di consumare determinati animali, come carne di maiale e crostacei, e regole sulla separazione di carne e latticini. Seguire queste restrizioni dietetiche è una pratica quotidiana che collega gli ebrei alla loro eredità culturale e promuove la consapevolezza delle scelte alimentari.

Durante il giorno, gli ebrei sono incoraggiati a recitare benedizioni, o "brachot", davanti a cibi e bevande e in varie altre occasioni. Queste benedizioni riconoscono il ruolo di Dio nel fornire sostentamento e altri benefici. Ad esempio, prima di mangiare il pane, si recita la benedizione "Hamotzi", mentre si recitano diverse benedizioni su frutta, verdura e altri cibi. Ci sono anche benedizioni nel vedere le meraviglie naturali, nell'udire buone notizie e nell'eseguire le mitzvot (comandamenti). Queste benedizioni creano opportunità per momenti frequenti e intenzionali di gratitudine e riflessione.

Con il passare della giornata si presentano ulteriori opportunità di preghiera. Il servizio "Mincha", o preghiera pomeridiana, comprende l'Amidah e altre preghiere. Solitamente è più breve del servizio mattutino, ma rimane una parte importante del culto quotidiano. Pregare a orari prestabiliti aiuta a strutturare la giornata attorno alla pratica spirituale, fornendo pause regolari per la riflessione e la connessione con Dio.

Le preghiere serali, o "Ma'ariv", concludono il ciclo di preghiere della giornata. Come i servizi mattutini e pomeridiani, Ma'ariv include lo Shema e l'Amidah. Una parte importante del rituale serale è la recitazione dello Shema prima di andare a letto, riaffermando la fede in Dio come ultimo atto cosciente della giornata. Questa pratica rafforza il senso di continuità e devozione, anche durante il riposo.

Shabbat, il sabato ebraico, rappresenta il culmine delle pratiche settimanali, offrendo un tempo dedicato al riposo e al ringiovanimento spirituale. Dal venerdì sera al sabato sera gli ebrei si astengono dal lavoro e si dedicano ad attività riposanti. L'osservanza dello Shabbat include l'accensione di candele, la recitazione di benedizioni sul vino (Kiddush) e la condivisione dei pasti festivi. La cerimonia "Havdalah" segna la fine dello Shabbat, utilizzando una candela intrecciata, vino e spezie profumate per simboleggiare il passaggio alla settimana ordinaria.

La legge ebraica prescrive anche pratiche relative al comportamento sociale e alla condotta etica. Onorare i genitori, impegnarsi in atti di gentilezza e trattare gli altri con rispetto ed equità sono obblighi quotidiani. La carità, o "tzedakah", è un principio centrale che incoraggia gli ebrei a sostenere chi è nel bisogno. Queste pratiche etiche sono considerate parte integrante della vita ebraica come osservanze rituali.

L'apprendimento e lo studio sono pratiche quotidiane anche nell'ebraismo. Lo studio della Torah e di altri testi ebraici è molto apprezzato, nella convinzione che l'impegno con i testi sacri favorisca la crescita e la comprensione spirituale. Ciò può assumere la forma di studio personale, frequenza di lezioni o partecipazione a gruppi di studio. Sessioni di apprendimento regolari, sia che si tratti di leggere una parte della Torah, di esplorare il Talmud o di discutere del pensiero ebraico contemporaneo, aiutano ad approfondire la propria conoscenza e il legame con le tradizioni ebraiche.

Oltre a queste pratiche strutturate, la legge ebraica incoraggia la consapevolezza nel parlare e nel comportamento. Il principio del "lashon hara", o discorso dannoso, insegna agli ebrei a evitare i pettegolezzi e a parlare gentilmente degli altri. Questa pratica quotidiana promuove un'atmosfera comunitaria positiva e rispettosa. Allo stesso modo, il concetto di "derech eretz", che significa condotta adeguata o etichetta, guida gli ebrei a comportarsi con dignità e rispetto in tutte le interazioni.

I rituali ebraici includono anche eventi del ciclo di vita, che sono tappe significative contrassegnate da pratiche e cerimonie specifiche. Ad esempio, la nascita di un bambino viene celebrata con un "brit milah" (circoncisione) per i ragazzi o con una cerimonia di battesimo per le ragazze. Il "bar mitzvah" o "bat mitzvah" segna il passaggio all'età adulta, con ragazzi e ragazze che si assumono le responsabilità della legge ebraica. Anche il matrimonio viene celebrato con cerimonie tradizionali, tra cui la firma di una "ketubah" (contratto di matrimonio) e la rottura di un bicchiere per ricordare anche nelle occasioni gioiose la distruzione del Tempio di Gerusalemme.

I rituali di morte e lutto, come sedersi "shiva" (un periodo di lutto di sette giorni) e recitare la preghiera "Kaddish", forniscono supporto e struttura durante i periodi di perdita. Queste pratiche aiutano le persone in lutto a superare il dolore mantenendo i legami con la comunità e la tradizione.

Le pratiche e i rituali quotidiani ebraici sono profondamente intrecciati con ogni aspetto della vita, guidando il comportamento dal momento del risveglio fino a quello di andare a dormire. Le preghiere del mattino, del pomeriggio e della sera creano un ritmo di adorazione durante tutto il giorno. Le leggi alimentari, le benedizioni e la condotta etica sono intrecciate nelle attività quotidiane, favorendo una continua consapevolezza dei valori spirituali e morali. Lo studio e l'apprendimento vengono enfatizzati, favorendo la crescita personale e comunitaria. Gli eventi del ciclo di vita e l'osservanza dello Shabbat offrono opportunità speciali di celebrazione e riflessione. Insieme, queste pratiche creano un quadro completo per vivere una vita intrisa di fede, tradizione e scopo.

Osservanza del sabato e delle feste

L'osservanza del sabato, noto come Shabbat, e delle principali festività ebraiche sono parti essenziali della vita ebraica, ciascuna con il proprio insieme di leggi e usanze che danno ritmo e significato all'anno. Lo Shabbat, che inizia al tramonto del venerdì e termina al calare della notte del sabato, è un giorno settimanale di riposo e arricchimento spirituale. Le principali feste ebraiche, tra cui Pasqua ebraica, Shavuot, Rosh Hashanah, Yom Kippur, Sukkot e Hanukkah, segnano importanti eventi storici e religiosi, ciascuno celebrato con tradizioni e rituali unici.

Lo Shabbat è un giorno separato dal resto della settimana, dedicato al riposo, alla preghiera e alla famiglia. L'osservanza dello Shabbat inizia il venerdì sera con l'accensione delle candele, un rito che segna il passaggio dalla settimana ordinaria al tempo sacro dello Shabbat. Di solito questo viene fatto dalla padrona di casa, che recita una benedizione sulle candele, portando luce e pace nella casa.

Dopo l'accensione delle candele, la famiglia si riunisce per un pasto festivo, che inizia con la recitazione del Kiddush, una benedizione davanti a una coppa di vino. Questa benedizione santifica il giorno ed esprime gratitudine per il dono dello Shabbat. Il pasto tipicamente comprende il challah, uno speciale pane intrecciato, che viene benedetto e condiviso tra i presenti. La cena è spesso caratterizzata da piatti della tradizione ed è un momento di relax e divertimento.

Uno dei divieti centrali dello Shabbat è evitare il lavoro, o "melacha". Questo concetto comprende 39 categorie di attività creative, come cucinare, accendere un fuoco, scrivere e utilizzare dispositivi elettrici. Lo scopo di queste restrizioni è creare un ambiente riposante e pacifico, consentendo alle persone di concentrarsi sulla riflessione spirituale e personale senza le distrazioni delle attività quotidiane.

Durante lo Shabbat, gli ebrei frequentano i servizi della sinagoga dove partecipano alle preghiere e alla lettura della Torah. La lettura della Torah durante lo Shabbat è un momento culminante, con una parte specifica letta ogni settimana, in modo che l'intera Torah venga completata nel corso dell'anno. Questi servizi promuovono il senso di comunità e offrono un'opportunità di culto e apprendimento comunitario.

La fine dello Shabbat è segnata dalla cerimonia Havdalah, un rituale multisensoriale che significa la separazione tra il tempo sacro dello Shabbat e i giorni feriali ordinari. Questa cerimonia include benedizioni sul vino, spezie profumate e una speciale candela intrecciata, creando una conclusione memorabile e significativa del giorno di riposo.

Le feste ebraiche, o "chagim", hanno ciascuna le proprie usanze e osservanze distintive. La Pasqua, o Pesach, celebra l'Esodo dall'Egitto e la liberazione degli Israeliti dalla schiavitù. Si inizia con il Seder, un pasto festivo che prevede la lettura dell'Haggadah, testo che racconta la storia dell'Esodo. Durante gli otto giorni della Pasqua ebraica, gli ebrei si astengono dal mangiare il pane lievitato, o chametz, per commemorare la fretta con cui gli israeliti lasciarono l'Egitto, non avendo il tempo di far lievitare il pane.

Shavuot, che cade sette settimane dopo la Pasqua ebraica, commemora la consegna della Torah al Monte Sinai. Si celebra con la lettura dei Dieci Comandamenti ed è consuetudine studiare la Torah per tutta la notte. I latticini, come la cheesecake e i blintz, vengono tradizionalmente consumati, a simboleggiare la dolcezza della Torah e la terra del latte e del miele.

Rosh Hashanah, il Capodanno ebraico, è un momento di riflessione, pentimento e rinnovamento. Si osserva suonando lo shofar, il corno di un ariete, che funge da richiamo per risvegliare l'anima e ispirare all'introspezione. I cibi tradizionali, come le mele immerse nel miele, vengono mangiati per simboleggiare la speranza di un dolce anno nuovo.

Yom Kippur, il Giorno dell'Espiazione, è il giorno più sacro del calendario ebraico. È un giorno di digiuno, preghiera e pentimento, durante il quale gli ebrei cercano il perdono per i loro peccati e si sforzano di fare ammenda. La giornata si trascorre in sinagoga, con intensi servizi di preghiera che includono la recitazione del Vidui, o confessione dei peccati.

Sukkot, la Festa dei Tabernacoli, commemora il viaggio degli Israeliti attraverso il deserto e la loro fiducia in Dio. Durante questo festival di sette giorni, gli ebrei dimorano in strutture temporanee chiamate sukkot, che ricordano i rifugi utilizzati durante il soggiorno nel deserto. La sukkah è decorata con vegetazione e frutta e i pasti vengono consumati al suo interno. Un altro rituale chiave di Sukkot è l'agitazione del lulav e dell'etrog, che sono piante simboliche che rappresentano diversi aspetti della natura e delle qualità umane.

Hanukkah, la Festa delle Luci, celebra la ridedicazione del Secondo Tempio di Gerusalemme e il miracolo dell'olio che bruciò per otto giorni. Ogni notte di Hanukkah, viene accesa una candela sulla menorah, aggiungendone un'ulteriore ogni notte finché tutte e otto non sono accese. Si mangiano cibi tradizionali fritti nell'olio, come i latkes (frittelle di patate) e i sufganiyot (ciambelle di gelatina), e si giocano a giochi come il dreidel.

Simchat Torah segna il completamento del ciclo annuale di lettura della Torah e l'inizio di un nuovo ciclo. È una celebrazione gioiosa con canti, danze e processioni con i rotoli della Torah. Questa festa

sottolinea l'importanza della Torah nella vita ebraica
e la gioia dei suoi insegnamenti.

Purim, una festa che commemora la salvezza del
popolo ebraico dal complotto di Haman nel Libro di
Ester, viene celebrata con la lettura della Megillah
(Libro di Ester), offrendo doni di cibo, carità ai
poveri e un pasto festivo. Spesso vengono indossati
costumi e maschere e la storia di Ester è
drammatizzata in modo giocoso, rendendola una
vacanza particolarmente divertente e coinvolgente,
soprattutto per i bambini.

Queste feste e l'osservanza dello Shabbat
forniscono un quadro per la vita ebraica,
arricchendola di significato, tradizione e legami
comunitari. Ogni rituale e usanza serve a ricordare
la storia, i valori ebraici e il rapporto continuo con
Dio. Attraverso queste pratiche, gli ebrei si
collegano alla propria eredità, celebrano la propria
identità e trovano ispirazione e guida nella loro vita
quotidiana.

CAPITOLO 5

Preghiera e culto ebraico

La Sinagoga: centro del culto ebraico

La sinagoga, o shul, occupa un posto centrale nel culto ebraico e nella vita comunitaria. Serve come casa di preghiera, luogo di studio e spazio di ritrovo per la comunità ebraica. La parola "sinagoga" deriva dalla parola greca per "assemblea", riflettendo il suo ruolo di centro comunitario. In ebraico, è spesso chiamato "beit knesset", che significa "casa dell'assemblea".

Al centro della sinagoga c'è l'Arca, o "Aron Kodesh", che ospita i rotoli della Torah. Questi rotoli sono fondamentali per il culto ebraico e sono meticolosamente scritti a mano su pergamena. L'Arca è tipicamente posizionata sul muro orientale, rivolto verso Gerusalemme, a simboleggiare il collegamento con la Terra Santa. Quando l'Arca viene aperta per rimuovere i rotoli della Torah, è un momento di riverenza e stupore, evidenziando la sacralità della Torah.

I servizi nella sinagoga sono strutturati attorno alla preghiera e alla lettura della Torah. I servizi di preghiera ebraici si svolgono tre volte al giorno: Shacharit (mattina), Mincha (pomeriggio) e Ma'ariv (sera). Durante lo Shabbat e i giorni festivi viene aggiunto un servizio aggiuntivo chiamato Musaf. Questi servizi includono una serie di preghiere e benedizioni, come lo Shema, che dichiara l'unicità di Dio, e l'Amidah, una serie di 18 benedizioni recitate stando in piedi.

La lettura della Torah è una componente chiave del culto della sinagoga. Il lunedì, giovedì e sabato viene letta ad alta voce una parte della Torah. Questa pratica garantisce che l'intera Torah venga letta nel corso di un anno. Durante lo Shabbat, la lettura della Torah è più lunga ed è spesso accompagnata da una lettura dell'Haftarah, una selezione dei Profeti. La lettura pubblica della Torah è un evento comunitario, in cui i membri della congregazione vengono chiamati a recitare benedizioni prima e dopo la lettura di ogni sezione.

La sinagoga funge anche da centro per l'educazione ebraica. Molte sinagoghe hanno annesse scuole o offrono lezioni religiose sia per bambini che per adulti. Questi programmi educativi coprono una vasta gamma di argomenti, tra cui la lingua ebraica, la storia ebraica, lo studio della Torah e le pratiche religiose. L'obiettivo è approfondire la comprensione da parte della comunità della propria fede e del proprio patrimonio, garantendo la trasmissione della conoscenza ebraica da una generazione a quella successiva.

Oltre al suo ruolo nel culto e nell'istruzione, la sinagoga è un luogo per attività sociali e comunitarie. Ospita eventi come celebrazioni del ciclo di vita, inclusi bar e bat mitzvah, matrimoni e brit milah (cerimonie di circoncisione). Questi eventi rafforzano i legami all'interno della comunità e forniscono un senso di appartenenza e sostegno.

Uno degli aspetti più importanti della sinagoga è la sua funzione di luogo di riunione. È un luogo in cui gli ebrei si riuniscono non solo per scopi religiosi ma anche per l'interazione sociale e il sostegno comunitario. Questo aspetto comunitario è vitale per promuovere un senso di unità e identità condivisa tra i membri. Nei momenti di gioia e di dolore, la comunità della sinagoga si riunisce per celebrare e offrire conforto e sostegno.

La sinagoga svolge un ruolo cruciale anche nelle attività di beneficenza. Molte sinagoghe hanno comitati dedicati all'azione sociale e alla filantropia, che organizzano sforzi per aiutare i bisognosi all'interno e all'esterno della comunità. Ciò può includere raccolte di cibo, donazioni di vestiti e lavoro di volontariato. Queste attività riflettono il valore ebraico del "tikkun olam", ovvero riparare il mondo, sottolineando l'importanza della giustizia sociale e dell'aiuto agli altri.

Le sinagoghe variano in dimensioni e stile, da edifici grandiosi e decorati a spazi piccoli e modesti. Indipendentemente dal loro aspetto fisico, l'essenza della sinagoga risiede nella sua funzione di centro spirituale e comunitario. L'architettura di una sinagoga include spesso simboli ed elementi che riflettono la tradizione ebraica, come la Stella di David, la menorah e le iscrizioni ebraiche. Questi elementi di design migliorano il senso dello spazio sacro e collegano i fedeli al loro patrimonio religioso.

Nella sinagoga il ruolo del rabbino è fondamentale. Il rabbino funge da leader spirituale, insegnante e guida per la comunità. Conducono servizi, pronunciano sermoni, forniscono assistenza pastorale e offrono guida su questioni religiose ed etiche. Anche il cantore, o "chazzan", gioca un ruolo significativo, guidando la congregazione nella preghiera e nel canto. La loro conoscenza delle melodie liturgiche e la loro capacità di ispirare attraverso la musica migliorano l'esperienza del culto.

Per i bambini, la sinagoga rappresenta spesso la prima introduzione alla vita e all'apprendimento ebraico. Molte sinagoghe hanno scuole religiose o scuole ebraiche che forniscono istruzione sulle tradizioni ebraiche, sulle festività e sulla lingua ebraica. Questi programmi sono progettati per essere coinvolgenti e interattivi, aiutando i bambini a connettersi con il loro patrimonio in modo significativo. Attività come celebrazioni natalizie, arti e mestieri e narrazione rendono l'apprendimento dell'ebraismo piacevole e memorabile.

Il ruolo della sinagoga si estende oltre le mura dell'edificio. Serve come punto focale per la comunità ebraica, promuovendo un senso di appartenenza e identità. Attraverso la preghiera, lo studio, gli eventi sociali o le attività di beneficenza, la sinagoga aiuta a creare una comunità vivace e solidale. È un luogo in cui le persone possono esplorare la propria spiritualità, approfondire la propria conoscenza e connettersi con altri che condividono la loro fede e i loro valori.

La sinagoga è molto più di un semplice luogo di culto. È il cuore della vita comunitaria ebraica e fornisce uno spazio per la preghiera, l'educazione, l'interazione sociale e il sostegno comunitario. Attraverso le sue varie funzioni e attività, la sinagoga contribuisce a sostenere e arricchire la vita ebraica, garantendo che le tradizioni e i valori dell'ebraismo vengano tramandati di generazione in generazione.

Il Siddur: libro di preghiere ebraico

Il Siddur è il libro di preghiere ebraico, compagno indispensabile per le preghiere quotidiane e festive. Il suo nome deriva dalla parola ebraica "seder", che significa "ordine", riflettendo la disposizione strutturata delle preghiere all'interno delle sue pagine. Il Siddur guida gli ebrei attraverso le varie fasi dei loro servizi di preghiera, fornendo un modo coerente e significativo per connettersi con Dio. È un deposito di secoli di tradizione, liturgia e poesia religiosa, che offre un ricco arazzo di parole che aiutano le persone a esprimere la loro devozione, gratitudine e speranze.

Al centro del Siddur ci sono diverse preghiere chiave che vengono recitate quotidianamente. La preghiera più centrale è l'Amidah, conosciuta anche come Shemoneh Esrei, che significa "Diciotto benedizioni". Sebbene originariamente consistesse di diciotto benedizioni, successivamente ne fu aggiunta una diciannovesima, portando il totale a diciannove. L'Amidah viene recitata stando in piedi e con un tono tranquillo e personale, a simboleggiare una conversazione diretta e intima con Dio. Questa preghiera include richieste di saggezza, salute, perdono e pace, tra le altre cose, riflettendo una gamma completa di bisogni e aspirazioni umane.

Un'altra preghiera fondamentale nel Siddur è la Shema, che dichiara l'unicità di Dio e viene recitata due volte al giorno, al mattino e alla sera. Lo Shema è composto da tre paragrafi tratti dalla Torah, che sottolineano l'amore e l'impegno verso Dio, l'importanza di insegnare questi valori ai bambini e il ricordo dei comandamenti di Dio. Lo Shema è spesso considerato la preghiera più importante nel giudaismo perché racchiude la fede fondamentale nel monoteismo.

Il Siddur comprende anche le benedizioni del mattino, o Birkot HaShachar, che vengono recitate al risveglio. Queste benedizioni esprimono gratitudine per i doni semplici ma profondi della vita, come la capacità di vedere, stare in piedi e muoversi. Riconoscono anche il ruolo di Dio nel fornire saggezza e forza, dando un tono positivo e consapevole alla giornata.

Il Pesukei D'Zimra, o "Versetti di lode", è una serie di salmi e passaggi biblici inclusi nel servizio mattutino. Questi versetti preparano il fedele per le parti principali del servizio, lodando la creazione e le azioni di Dio. Tra questi c'è il Salmo 145, noto anche come Ashrei, che mette in risalto la benevolenza di Dio e la gioia di confidare in Lui.

Durante lo Shabbat e le feste, il Siddur guida i fedeli attraverso ulteriori preghiere e rituali. Ad esempio, il servizio Kabbalat Shabbat, che accoglie il Sabato, include la recitazione di sei salmi, corrispondenti ai sei giorni della creazione, e l'inno "Lecha Dodi", che accoglie poeticamente la "sposa del Sabato". Lo Shabbat Amidah comprende passaggi speciali che riflettono i temi del riposo e della santità associati allo Shabbat.

Nelle festività, il Siddur contiene preghiere speciali che si riferiscono alla specifica festività celebrata. Ad esempio, durante la Pasqua ebraica, viene recitato l'Hallel, una serie di salmi di lode, per commemorare la liberazione degli israeliti dalla schiavitù in Egitto. Durante Sukkot vengono aggiunte preghiere che menzionano le quattro specie (etrog, lulav, hadass e aravah) che vengono sventolate in una cerimonia speciale.

Il Siddur non è solo per il culto comunitario nella sinagoga ma anche per uso personale e familiare. Molte famiglie usano il Siddur per le preghiere quotidiane, le benedizioni prima e dopo i pasti e le occasioni speciali come matrimoni, nascite e benedizioni della casa. Il Siddur fornisce una struttura per questi momenti, offrendo parole che sono state santificate dalla tradizione e condivise da generazioni.

Uno degli aspetti significativi del Siddur è il suo riflesso della diversa storia e dei costumi del popolo ebraico. Diverse comunità ebraiche, come Ashkenazi, Sefarditi e Mizrahi, hanno le proprie versioni del Siddur, che includono variazioni nella formulazione, pronuncia e preghiere aggiuntive specifiche per le loro tradizioni. Nonostante queste differenze, la struttura centrale e i temi del Siddur rimangono coerenti, unendo gli ebrei di tutto il mondo in una pratica liturgica comune.

La struttura del Siddur può variare leggermente a seconda della comunità specifica, ma generalmente segue un ordine simile. Inizia con le benedizioni del mattino e le preghiere preliminari, seguite dalle sezioni principali di Shacharit (servizio mattutino), Mincha (servizio pomeridiano) e Ma'ariv (servizio serale). Ciascuno di questi servizi ha il proprio insieme di preghiere, ma tutti includono componenti chiave come lo Shema e l'Amidah.

In occasioni speciali, come lo Shabbat e le feste, il Siddur include sezioni aggiuntive per Musaf, un servizio extra che commemora gli ulteriori sacrifici offerti nel Tempio di Gerusalemme. Il Musaf Amidah riflette i temi della festa particolare e include preghiere per la restaurazione del Tempio e il raduno degli esuli.

Il Siddur include anche preghiere per occasioni speciali e traguardi personali. Ad esempio, ci sono benedizioni per il nuovo mese (Rosh Chodesh), preghiere per i viaggi (Tefilat HaDerech) e benedizioni per vedere meraviglie naturali come un arcobaleno o un temporale. Queste preghiere collegano le esperienze quotidiane con un senso di presenza e scopo divini.

Oltre alle preghiere stesse, il Siddur contiene spesso istruzioni e commenti per aiutare i fedeli a comprendere il significato e la corretta recitazione di ciascuna preghiera. Ciò può includere spiegazioni sul significato delle preghiere, sul contesto storico e sulle linee guida per la pronuncia e la pratica corrette. Queste note rendono il Siddur non solo un libro di preghiere ma anche uno strumento di apprendimento e di crescita spirituale.

Il Siddur funge da ponte tra l'individuo e il divino, offrendo parole in grado di esprimere i sentimenti più profondi del cuore. Sia nei momenti di gioia, di dolore, di gratitudine o di bisogno, il Siddur fornisce un linguaggio per la preghiera che è stato perfezionato nel corso dei secoli. Collega il singolo fedele alla comunità ebraica più ampia e alle generazioni di ebrei che hanno pregato con queste stesse parole.

Il Siddur è un libro completo ed essenziale nella vita ebraica. Struttura le preghiere quotidiane e festive, offre benedizioni per varie occasioni e riflette le diverse tradizioni del giudaismo. Attraverso le sue preghiere e i suoi insegnamenti, il Siddur aiuta gli ebrei a connettersi con Dio, con la loro eredità e con la comunità ebraica globale. È uno strumento vitale per la pratica spirituale, l'educazione e la continuità della tradizione ebraica.

Principali preghiere ebraiche e loro significato

Le preghiere ebraiche sono centrali nella pratica del giudaismo, poiché servono come mezzo per consentire agli individui di connettersi con Dio, riflettere sulla propria vita e cercare guida. Queste preghiere sono state tramandate di generazione in generazione e vengono recitate in vari contesti, dai rituali quotidiani alle occasioni speciali. Comprendere il significato di queste preghiere ci aiuta ad apprezzare il loro ruolo nel culto ebraico e nella vita quotidiana.

Una delle preghiere ebraiche più importanti è lo Shema, che viene recitato due volte al giorno, al mattino e alla sera. Lo Shema inizia con le parole: "Ascolta, o Israele: il Signore nostro Dio, il Signore è uno". Questa dichiarazione di fede è centrale nella fede ebraica, poiché sottolinea l'unicità di Dio. Lo Shema è composto da tre sezioni della Torah. La prima sezione si concentra sull'amare Dio con tutto il cuore, l'anima e la forza. La seconda sezione sottolinea l'importanza di seguire i comandamenti di Dio e di insegnarli alle generazioni future. La terza sezione ricorda al popolo ebraico la liberazione dall'Egitto e la necessità di seguire le leggi di Dio.

Un'altra preghiera significativa è l'Amidah, conosciuta anche come Shemoneh Esrei, che significa "Diciotto benedizioni". Nonostante il nome, l'Amidah contiene in realtà diciannove benedizioni, poiché un'ulteriore è stata aggiunta in seguito. Questa preghiera viene recitata in silenzio stando in piedi, a simboleggiare un dialogo diretto e personale con Dio. L'Amidah è divisa in tre parti: lode, petizioni e ringraziamenti. Le prime tre benedizioni lodano Dio per la Sua grandezza e gentilezza. Le tredici benedizioni centrali contengono richieste personali, come saggezza, salute e perdono. Le ultime tre benedizioni esprimono gratitudine a Dio per la Sua bontà e pace. L'Amidah è una preghiera globale che abbraccia l'intera gamma delle esperienze e dei bisogni umani.

Il Kaddish è un'altra preghiera chiave, recitata in vari punti durante il servizio di preghiera, ma soprattutto dalle persone in lutto. Il Kaddish è una preghiera di lode a Dio ed è spesso associato al lutto perché riafferma la grandezza di Dio anche nei momenti di perdita. Inizia con le parole: "Esaltato e santificato sia il Suo grande Nome" e continua con una serie di lodi e richieste di pace. Il Kaddish aiuta le persone in lutto a concentrarsi sulla presenza eterna di Dio e sulla speranza di pace e restaurazione.

L'Aleinu è una preghiera che conclude molti servizi ebraici. Riconosce la sovranità di Dio e la relazione unica tra Dio e il popolo ebraico. L'Aleinu è composto da due paragrafi. Il primo loda Dio per aver scelto il popolo ebraico e per averlo distinto dalle altre nazioni. Il secondo attende con ansia un momento futuro in cui tutta l'umanità riconoscerà e adorerà l'unico vero Dio. L'Aleinu serve a ricordare la missione ebraica di portare la santità nel mondo e di lavorare verso un tempo di riconoscimento universale di Dio.

Durante lo Shabbat e le feste, il Kiddush è una preghiera speciale recitata davanti a una coppa di vino per santificare la giornata. Il Kiddush viene recitato sia il venerdì sera che il sabato mattina durante lo Shabbat, così come la sera e la mattina dei festival. La preghiera inizia con un brano della Genesi, che descrive la creazione del mondo e il riposo di Dio nel settimo giorno. Si prosegue con la benedizione del vino e la santificazione della giornata. Il Kiddush aiuta a distinguere lo Shabbat e le feste come tempi sacri dedicati al riposo, alla riflessione e alla celebrazione.

Un'altra preghiera importante recitata durante lo Shabbat è la Havdalah, che segna la fine dello Shabbat e l'inizio della nuova settimana. Havdalah viene recitato davanti a una coppa di vino, una candela intrecciata e spezie. La preghiera ringrazia Dio per aver distinto tra il sacro e l'ordinario e chiede benedizioni per la prossima settimana. L'accensione della candela e l'odore delle spezie simboleggiano la speranza per una settimana piena di luce, gioia e ristoro spirituale.

Nello Yom Kippur, il Giorno dell'Espiazione, il Vidui, o confessione, è una preghiera centrale. Questa preghiera viene recitata più volte durante la giornata e include una confessione comunitaria dei peccati. Il Vidui sottolinea la responsabilità collettiva dei peccati e l'importanza del pentimento. La preghiera elenca i vari peccati in ordine alfabetico, consentendo ai fedeli di riflettere sulle proprie azioni e cercare il perdono. Yom Kippur è un giorno solenne di digiuno e introspezione e il Vidui aiuta i fedeli a concentrarsi sul loro bisogno di espiazione e di rinnovamento spirituale.

L'Hallel è una serie di salmi (113-118) recitati durante le feste e Rosh Chodesh (l'inizio di un nuovo mese). L'Hallel è una preghiera di lode e di ringraziamento, che celebra la liberazione e le benedizioni di Dio. Include canti gioiosi che raccontano i miracoli di Dio ed esprimono gratitudine per la Sua protezione e guida. L'Hallel viene recitato durante la Pasqua ebraica, Shavuot, Sukkot, Hanukkah e altre occasioni festive, esaltando lo spirito celebrativo di questi tempi.

Il Tefilat HaDerech, o Preghiera del Viaggiatore, viene recitato quando si intraprende un viaggio. Questa preghiera chiede la protezione e la guida di Dio durante il viaggio, riflettendo il riconoscimento delle incertezze e dei potenziali pericoli del viaggio. La preghiera richiede un ritorno sicuro e la capacità di raggiungere la propria destinazione in pace e gioia. Il Tefilat HaDerech sottolinea la fede nella presenza e nella cura di Dio in tutti gli aspetti della vita, compresi i viaggi.

Il Birkat Hamazon, o Grazia Dopo i Pasti, viene recitato dopo aver consumato un pasto che include il pane. Questa preghiera ringrazia Dio per aver fornito sostentamento e riconosce le benedizioni della terra d'Israele. La Birkat Hamazon comprende quattro benedizioni principali: ringraziare Dio per il cibo, per la terra d'Israele, per Gerusalemme e il Tempio e per la bontà e la misericordia di Dio. Recitare questa preghiera dopo i pasti aiuta a coltivare un senso di gratitudine e consapevolezza riguardo alla fonte del nostro cibo e delle nostre benedizioni.

Ognuna di queste preghiere ha un significato profondo all'interno del culto ebraico, collegando gli individui alla loro fede, comunità e storia. Forniscono una struttura per esprimere una vasta gamma di emozioni ed esperienze, dalla gioia e gratitudine al dolore e al pentimento. Comprendendo i significati e i contesti di queste preghiere, si può apprezzare la ricchezza della tradizione liturgica ebraica e il suo ruolo nella vita quotidiana e comunitaria.

CAPITOLO 6

Feste e festival ebraici

I grandi giorni santi: Rosh Hashanah e Yom Kippur

Rosh Hashanah e Yom Kippur sono conosciuti come i giorni più santi nel giudaismo e sono tra i giorni più significativi e solenni del calendario ebraico. Queste festività sono profondamente radicate nella riflessione spirituale, nel pentimento e nel rinnovamento.

Rosh Hashanah, che in ebraico significa "Capo dell'anno", segna l'inizio del Capodanno ebraico. Si celebra i primi due giorni del mese ebraico di Tishrei. Rosh Hashanah è un momento in cui gli ebrei riflettono sulle loro azioni nell'ultimo anno e prendono decisioni per l'anno successivo. Una delle usanze più conosciute di Rosh Hashanah è il suono dello shofar, il corno di un ariete, che funge da campanello d'allarme al pentimento. Il suono dello shofar ha lo scopo di ispirare stupore e ricordare alle persone le loro responsabilità spirituali.

Durante Rosh Hashanah, nella sinagoga vengono recitate preghiere speciali, tra cui l'Amidah e il servizio Mussaf, che include preghiere aggiuntive specifiche per la festività. Uno dei temi centrali di Rosh Hashanah è il concetto di Dio come Re, e molte delle preghiere si concentrano sulla sovranità di Dio e sul desiderio di un mondo migliore. La festa è segnata anche dalla cerimonia Tashlich, in cui gli ebrei simbolicamente liberano i loro peccati gettando pezzi di pane in uno specchio d'acqua.

I cibi tradizionali svolgono un ruolo importante nella celebrazione di Rosh Hashanah. Le mele immerse nel miele vengono mangiate per simboleggiare la speranza di un dolce anno nuovo. Il pane rotondo challah, spesso cotto con uvetta, rappresenta il ciclo dell'anno e la continuità della vita. Anche i melograni, con i loro numerosi semi, vengono mangiati per simboleggiare il desiderio di un anno ricco di tanti meriti quanti sono i semi del frutto.

Yom Kippur, il Giorno dell'Espiazione, segue Rosh Hashanah ed è considerato il giorno più sacro dell'anno ebraico. Si osserva il decimo giorno di Tishrei ed è un giorno dedicato al digiuno, alla preghiera e al pentimento. Gli ebrei credono che durante lo Yom Kippur Dio suggelli il Libro della Vita, determinando il destino di ogni persona per l'anno successivo in base alle sue azioni e al pentimento.

L'osservanza dello Yom Kippur inizia con il servizio Kol Nidrei la sera prima delle festività. Kol Nidrei, che significa "Tutti i voti", è una dichiarazione solenne che assolve gli individui da qualsiasi voto non mantenuto fatto durante l'anno passato. Il servizio dà il tono all'introspezione e al pentimento che seguono.

Durante lo Yom Kippur, gli ebrei si astengono dal mangiare e dal bere per 25 ore, dal tramonto della vigilia dello Yom Kippur fino al calare della notte del giorno successivo. Questo digiuno ha lo scopo di purificare il corpo e lo spirito, consentendo alle persone di concentrarsi interamente sulla loro relazione con Dio e sul loro bisogno di perdono. Oltre al digiuno, altri divieti includono fare il bagno, indossare scarpe di cuoio e applicare lozioni o profumi.

Il servizio dello Yom Kippur è il più lungo e intenso dell'anno, con cinque servizi di preghiera: Maariv (servizio serale), Shacharit (servizio mattutino), Mussaf (servizio aggiuntivo), Mincha (servizio pomeridiano) e Ne'ilah (servizio di chiusura).). Il servizio di Ne'ilah, che segna la conclusione dello Yom Kippur, è particolarmente toccante, poiché rappresenta l'ultima opportunità di pentimento prima che il Libro della Vita venga sigillato. Il servizio si conclude con il suono dello shofar, che segnala la fine del digiuno e la speranza di un nuovo inizio.

Yom Kippur è anche un momento per cercare il perdono degli altri. La tradizione ebraica insegna che per i peccati commessi contro altre persone, bisogna chiedere il perdono direttamente a coloro a cui hanno fatto torto prima di chiedere il perdono a Dio. Questa pratica sottolinea l'importanza di ricucire le relazioni e di assumersi la responsabilità delle proprie azioni.

Oltre ai rituali e alle preghiere, i temi di Rosh Hashanah e Yom Kippur si riflettono nelle letture della Torah e nelle letture di Haftarah (profetiche). A Rosh Hashanah, le letture della Torah si concentrano sulle storie di Isacco e Ismaele, evidenziando i temi della nascita, del sacrificio e della misericordia di Dio. Le letture di Haftarah includono la storia di Anna, che prega per un bambino e riceve risposta da Dio. Durante lo Yom Kippur, la lettura della Torah è tratta dal Levitico, che descrive il servizio dello Yom Kippur nell'antico tempio, compreso il rituale del capro espiatorio. La lettura di Haftarah è il Libro di Giona, che racconta la storia del profeta Giona e della sua riluttante missione nella città di Ninive, sottolineando il potere del pentimento e la volontà di Dio di perdonare.

Gli Alti Giorni Santi sono un momento di profonda riflessione spirituale e di incontro comunitario. Le sinagoghe sono spesso piene di gente, poiché anche coloro che non frequentano regolarmente le funzioni durante tutto l'anno si riuniscono per partecipare a questi importanti rituali. Il senso di comunità e di scopo condiviso durante Rosh Hashanah e Yom Kippur è palpabile, mentre gli ebrei di tutto il mondo si uniscono nella preghiera e nella riflessione.

Queste vacanze sono anche un momento in cui la famiglia e gli amici si riuniscono. I pasti prima e dopo il digiuno dello Yom Kippur vengono spesso condivisi con i propri cari, offrendo un'opportunità di connessione e sostegno. I temi del pentimento e del rinnovamento si riflettono nelle interazioni personali, poiché gli individui cercano di iniziare il nuovo anno con una tabula rasa e l'impegno a migliorare se stessi e le proprie relazioni.

Rosh Hashanah e Yom Kippur sono più che semplici festività; sono esperienze spirituali profonde che invitano gli ebrei a riflettere sulla propria vita, a cercare il perdono e a impegnarsi per la crescita personale. Attraverso rituali, preghiere e incontri comunitari, questi giorni promuovono un profondo senso di connessione con Dio, con la comunità ebraica e con i valori senza tempo che guidano la vita ebraica.

Pasqua: celebrare la libertà

La Pasqua ebraica, o Pesach in ebraico, è una delle festività ebraiche più importanti e ampiamente celebrate. Commemora l'esodo degli Israeliti dalla schiavitù nell'antico Egitto, un evento fondamentale nella storia ebraica. La storia della Pasqua è dettagliata nel Libro dell'Esodo, dove Mosè conduce gli Israeliti alla libertà dopo una serie di interventi e miracoli divini.

La festa dura otto giorni, a partire dal quindicesimo giorno del mese ebraico di Nisan. È un periodo pieno di rituali e simboli che ricordano agli ebrei le difficoltà affrontate dai loro antenati e l'importanza della libertà e della liberazione. Uno degli aspetti più significativi della Pasqua ebraica è il Seder, un pasto festivo che si svolge nelle prime due notti della festività. Il Seder segue un ordine specifico, che è ciò che significa la parola "Seder" in ebraico. Questo ordine è delineato nell'Haggadah, un libro speciale che guida i partecipanti attraverso i rituali, le preghiere e le letture della serata.

Il piatto del Seder è una parte centrale del Seder. Contiene vari cibi simbolici, ciascuno dei quali rappresenta un aspetto diverso della storia della Pasqua. Questi includono un osso dello stinco, che simboleggia l'agnello pasquale sacrificato alla vigilia dell'Esodo; un uovo arrosto, che simboleggia sia il sacrificio festivo offerto al Tempio di Gerusalemme sia il ciclo della vita; erbe amare (spesso rafano), che rappresentano l'amarezza della schiavitù; charoset, una dolce miscela di frutta e noci che rappresenta il mortaio utilizzato dagli israeliti mentre erano schiavi; karpas, una verdura verde (spesso prezzemolo) immersa in acqua salata per simboleggiare le lacrime versate dagli israeliti; e una seconda erba amara, spesso la lattuga romana, per sottolineare la sofferenza vissuta dagli israeliti.

Uno dei rituali chiave del Seder è il racconto della storia della Pasqua ebraica. Ciò comporta la lettura dell'Haggadah e include le Quattro Domande, tradizionalmente poste dalla persona più giovane al tavolo. Queste domande spingono a raccontare la storia ed evidenziano le usanze uniche della serata. Le domande includono perché questa notte è diversa da tutte le altre sere, perché si mangia solo matzah (pane azzimo), perché si mangiano erbe amare e perché si intinge le verdure.

Matzah è un simbolo cruciale della Pasqua ebraica. È il pane azzimo che ricorda agli ebrei la fretta con cui i loro antenati lasciarono l'Egitto, non avendo il tempo di far lievitare il pane. Mangiare matzah durante la Pasqua ebraica è sia un comandamento che un promemoria del viaggio dalla schiavitù alla libertà. Gli ebrei sono inoltre tenuti a rimuovere tutti i chametz, o prodotti lievitati, dalle loro case durante le festività. Ciò comporta un accurato processo di pulizia per garantire che non sia presente alcun chametz, a simboleggiare la rimozione dell'orgoglio e dell'arroganza e un ritorno alla semplicità e all'umiltà.

Un altro rituale importante è il consumo di quattro tazze di vino durante il Seder. Ogni coppa rappresenta un aspetto diverso della redenzione menzionato nella Torah: "Ti farò uscire", "ti libererò", "ti redimerò" e "ti prenderò come mio popolo". Queste coppe significano la gioia e la gratitudine per la liberazione dalla schiavitù.

Il Seder prevede anche l'occultamento e il ritrovamento dell'afikoman, un pezzo di matzah che viene spezzato all'inizio del pasto e messo da parte per essere consumato come dessert. Questa tradizione aggiunge un elemento di divertimento per i bambini, che spesso cercano l'afikoman nascosto in cambio di un piccolo premio o dolcetto. Questa pratica aiuta a mantenere i partecipanti più giovani impegnati e connessi ai rituali del Seder.

La Pasqua non significa solo ricordare il passato; sottolinea anche i temi della giustizia sociale e della lotta continua per la libertà. La festa incoraggia gli ebrei a riflettere sul concetto di liberazione e a considerare coloro che sono ancora oppressi nel mondo. Molte famiglie incorporano letture e discussioni contemporanee nel loro Seder per collegare l'antica storia dell'Esodo alle moderne questioni di ingiustizia e disuguaglianza.

Durante gli otto giorni della Pasqua ebraica, preghiere e letture speciali sono incluse nei servizi quotidiani nella sinagoga. Il Cantico dei Cantici, un libro biblico attribuito al re Salomone, viene tradizionalmente letto durante la Pasqua ebraica, evidenziando i temi dell'amore e della redenzione. La festa si conclude con un pasto festivo e la recita dell'Hallel, una serie di salmi di lode e di ringraziamento.

Oltre agli aspetti religiosi e comunitari della Pasqua ebraica, la festa ha anche una forte componente familiare. È un momento in cui le famiglie si riuniscono, condividono i pasti e creano ricordi duraturi. La preparazione alla Pasqua, compresa la pulizia e la cucina, spesso coinvolge l'intera famiglia, favorendo un senso di unità e di scopo condiviso.

I temi della Pasqua; la libertà, la redenzione e la gratitudine risuonano profondamente con le persone di tutte le età. I rituali e i simboli della festa forniscono un ricco arazzo di significato, collegando gli ebrei alla loro storia e al loro patrimonio e ispirandoli a lottare per un futuro migliore. Celebrando la Pasqua ebraica, gli ebrei non solo onorano il viaggio dei loro antenati dalla schiavitù alla libertà, ma riaffermano anche il loro impegno per la giustizia e la liberazione per tutti.

La Pasqua ebraica è una festa dalle molteplici sfaccettature che unisce memoria storica, rituali religiosi e valori sociali. Attraverso il Seder, i cibi simbolici, le letture dell'Haggadah e le varie usanze, agli ebrei viene ricordata l'importanza della libertà e la perdurante attualità della storia dell'Esodo. La Pasqua è un momento per riflettere sul passato, celebrare il presente e guardare avanti verso un futuro di pace e liberazione.

Hanukkah, Purim e altri festival

Hanukkah, Purim e altre feste ebraiche vengono celebrate con tradizioni e costumi unici che portano significati significativi. Queste festività offrono opportunità alle famiglie e alle comunità di riunirsi, ricordare eventi storici ed esprimere la propria fede e cultura attraverso celebrazioni gioiose.

Hanukkah, conosciuta anche come Festa delle Luci, dura otto giorni, a partire dal 25° giorno del mese ebraico di Kislev. Commemora la ridedicazione del Secondo Tempio di Gerusalemme in seguito alla rivolta dei Maccabei contro l'Impero Seleucide. La storia di Hanukkah ruota attorno al miracolo del petrolio. Quando gli ebrei ripresero il controllo del Tempio, trovarono olio sufficiente solo per accendere la menorah (un candelabro a sette bracci) per un giorno. Miracolosamente, l'olio durò otto giorni, dando loro il tempo di preparare altro olio.

Il rituale centrale di Hanukkah è l'accensione della menorah, chiamata anche Hanukkiah, che ha nove rami: uno per ogni notte di Hanukkah e una candela centrale shamash (aiutante) utilizzata per illuminare le altre. Ogni notte viene accesa una candela in più, accompagnata da benedizioni e canti. La menorah viene solitamente collocata in una finestra o in un altro luogo prominente per pubblicizzare il miracolo. Hanukkah viene celebrato anche con cibi speciali fritti nell'olio, come i latkes (frittelle di patate) e i sufganiyot (ciambelle ripiene di gelatina), che simboleggiano il miracolo dell'olio. I bambini giocano a un gioco tradizionale con un dreidel, una trottola a quattro facce, e ricevono regali o gelt (monete di cioccolato).

Purim, che cade il 14 del mese ebraico di Adar, commemora il salvataggio del popolo ebraico da Haman, consigliere del re persiano, che complottava per distruggerlo. La storia è registrata nel Libro di Ester. La regina Ester e suo cugino Mardocheo svolgono un ruolo fondamentale nello sventare il piano di Haman, portando a una celebrazione della sopravvivenza e del trionfo degli ebrei.

Purim è segnato dalla lettura della Megillah (il Rotolo di Ester) nella sinagoga. Durante la lettura, gli ascoltatori usano dei rumori chiamati groggers per soffocare il nome di Haman ogni volta che viene menzionato, a simboleggiare la cancellazione del male. La vacanza è nota per la sua atmosfera festosa e gioiosa. Le persone indossano costumi, spesso raffiguranti personaggi della storia di Purim, per celebrare il tema delle identità nascoste e dell'intervento divino. Una delle usanze principali è quella di regalare mishloach manot, ovvero cesti regalo pieni di cibo e dolcetti, ad amici e familiari. Inoltre, è consuetudine fare la carità ai poveri, conosciuta come matanot la'evyonim. Si tiene un pasto festivo, chiamato Purim seudah, con cibi deliziosi e tanti canti e balli gioiosi.

Oltre ad Hanukkah e Purim, ci sono molte altre feste ebraiche, ciascuna con le proprie tradizioni e il proprio significato. Sukkot, conosciuta anche come Festa dei Tabernacoli, ricorre cinque giorni dopo Yom Kippur e dura sette giorni. Commemora i 40 anni di vagabondaggio degli Israeliti nel deserto dopo aver lasciato l'Egitto e sottolinea i temi della gratitudine e della dipendenza da Dio. Durante Sukkot, gli ebrei costruiscono e abitano in sukkah, capanne temporanee, per ricordare le fragili abitazioni utilizzate durante il viaggio nel deserto dei loro antenati. La festa prevede anche l'agitazione del lulav (un fascio di rami di palma, mirto e salice) e dell'etrog (un frutto di cedro) in un rituale che simboleggia l'unità e il ringraziamento.

Shavuot, o Festa delle Settimane, viene celebrata sette settimane dopo la Pasqua ebraica e segna la consegna della Torah al Monte Sinai. È un momento di rinnovamento spirituale e di studio. Le usanze tradizionali includono sessioni di studio della Torah che durano tutta la notte, conosciute come Tikkun Leil Shavuot, e il consumo di latticini, come cheesecake e blintz, che simboleggiano la dolcezza della Torah e la "terra dove scorre latte e miele".

Tu B'Shevat, il Capodanno degli alberi, cade il 15 del mese ebraico di Shevat. È un momento per celebrare la natura e l'ambiente. In questo giorno, gli ebrei piantano alberi e partecipano a un seder speciale che include il consumo di frutta e noci associate alla terra di Israele, in particolare le sette specie menzionate nella Torah: grano, orzo, uva, fichi, melograni, olive e datteri.

Simchat Torah, che significa "Rallegrarsi con la Torah", segna il completamento e il nuovo inizio del ciclo annuale di lettura della Torah. Segue immediatamente dopo Sukkot e Shemini Atzeret. Durante questa gioiosa festa, i rotoli della Torah vengono estratti dall'arca e nella sinagoga si svolgono processioni, danze e canti mentre viene letta la parte finale del Deuteronomio, seguita dalla prima parte della Genesi. Questa celebrazione sottolinea la centralità della Torah nella vita ebraica.

Yom HaShoah, Giorno della Memoria dell'Olocausto, è una moderna celebrazione ebraica che commemora i sei milioni di ebrei che morirono durante l'Olocausto. Cade il 27 Nisan ed è caratterizzato da cerimonie solenni, momenti di silenzio e programmi educativi per onorare le vittime e garantire che tali atrocità non vengano mai dimenticate.

Yom Ha'atzmaut, il Giorno dell'Indipendenza di Israele, celebra la fondazione dello Stato di Israele nel 1948. Si celebra il 5 di Iyar e include festeggiamenti come sfilate, fuochi d'artificio e celebrazioni pubbliche, che riflettono la gioia e il significato della sovranità ebraica e identità nazionale.

Ognuna di queste feste e festival è ricca di storia, significato e usanze che collegano gli ebrei alla loro eredità, fede e comunità. Offrono opportunità per riflettere su eventi significativi, celebrare lo stare insieme e rafforzare valori come la gratitudine, il ricordo e la ricerca della giustizia e della libertà. Osservando queste feste, gli ebrei di tutto il mondo mantengono un legame profondo e vibrante con le loro tradizioni e la loro storia.

CAPITOLO 7

Eventi del ciclo di vita nel giudaismo

Nascita e Brit Milah (Circoncisione)

Nella tradizione ebraica, la nascita di un bambino è un momento di immensa gioia e significato. Questo gioioso evento è spesso accompagnato da varie usanze e rituali che esprimono gratitudine, celebrano la vita e accolgono il neonato nella comunità ebraica. Uno dei rituali più significativi che seguono la nascita di un figlio maschio ebreo è il Brit Milah, o cerimonia della circoncisione.

Il Brit Milah, comunemente chiamato Bris, si svolge l'ottavo giorno di vita di un bambino, anche se questo giorno cade di sabato o di una festività ebraica. La pratica della circoncisione è radicata nella Torah, dove Dio comanda ad Abramo di circoncidere se stesso, la sua famiglia e i suoi discendenti come segno dell'alleanza tra Dio e il popolo ebraico. Questo patto, noto come Brit, è un legame eterno che significa l'impegno del popolo ebraico verso Dio e i Suoi comandamenti.

La cerimonia Brit Milah si tiene generalmente in presenza di familiari e amici, spesso in una sinagoga, sebbene possa svolgersi anche a casa. La cerimonia inizia con preghiere e benedizioni. Il bambino viene portato nella stanza dal sandek, che spesso è un nonno o un altro membro onorato della famiglia. Il sandek tiene il bambino durante la circoncisione, che viene eseguita da un professionista qualificato noto come mohel. Il mohel recita le benedizioni prima di eseguire la circoncisione, e anche il padre del bambino recita una benedizione ringraziando Dio per aver comandato la mitzvah (comandamento) della circoncisione.

Dopo la circoncisione, al bambino viene dato il suo nome ebraico. Questa cerimonia di denominazione è un momento significativo, poiché il nome ebraico collega il bambino alla sua eredità e identità ebraica. Il nome viene spesso scelto per onorare un parente defunto o per riflettere le virtù e le aspirazioni per il futuro del bambino. La comunità riunita partecipa a preghiere e canti, esprimendo gioia e accogliendo il bambino nel popolo ebraico.

Il Brit Milah non è solo un atto fisico ma anche una profonda pietra miliare spirituale. Simboleggia la fede duratura del popolo ebraico e la continuità della tradizione ebraica attraverso le generazioni. Eseguendo questo rituale, le famiglie ebree affermano il loro legame con i loro antenati e il loro impegno a mantenere l'identità e i valori ebraici.

Nel caso di una bambina non esiste una cerimonia di circoncisione equivalente. Tuttavia, le famiglie spesso tengono una cerimonia di nomina, nota come Simchat Bat o Brit Bat, per accogliere le loro figlie nella comunità ebraica. Questa cerimonia può essere tenuta nella sinagoga, a casa o in un altro luogo significativo. Di solito include preghiere, benedizioni e l'annuncio formale del nome ebraico del bambino. La cerimonia può includere anche letture di testi ebraici, canti e un pasto festivo.

La nascita di un bambino e i rituali associati, come il Brit Milah e la cerimonia del nome, evidenziano l'importanza della famiglia e della comunità nella vita ebraica. Questi eventi offrono un'opportunità alla famiglia allargata e ai membri della comunità di riunirsi nella celebrazione, nel sostegno e nella fede condivisa. Rafforzano i valori di amore, impegno e continuità che sono centrali nella tradizione ebraica.

Il Brit Milah, in particolare, serve a ricordare il rapporto di alleanza tra Dio e il popolo ebraico, un rapporto che ha sostenuto la comunità ebraica attraverso secoli di sfide e trionfi. Questa alleanza è fonte di identità e forza, collegando ogni nuova generazione all'antico passato e al destino condiviso del popolo ebraico.

Inoltre, queste cerimonie riflettono l'enfasi ebraica sulla vita e sulla sua santità. L'accoglienza di un nuovo bambino è una celebrazione del potenziale della vita e una riaffermazione di speranza e rinnovamento. La tradizione ebraica attribuisce grande valore ai bambini, considerandoli il futuro del popolo ebraico e portatori delle tradizioni e dei valori che definiscono la comunità.

I rituali che circondano la nascita e la cerimonia Brit Milah sono parte integrante della tradizione ebraica, simboleggiando l'alleanza con Dio, la continuità dell'eredità ebraica e la gioia comunitaria nel dono della nuova vita. Queste pratiche non solo accolgono un nuovo bambino nel mondo, ma lo collegano anche a una storia e una fede che risalgono a millenni fa. Attraverso questi rituali, le famiglie e le comunità ebraiche celebrano i loro legami duraturi e i valori senza tempo che li sostengono.

Bar/Bat Mitzvah: raggiungimento della maggiore età

Nella tradizione ebraica, le cerimonie del Bar e del Bat Mitzvah sono tappe significative che segnano il passaggio di un giovane all'età adulta. Queste cerimonie significano che il giovane ha raggiunto un'età in cui è responsabile delle proprie azioni e può partecipare pienamente alla vita religiosa e comunitaria ebraica.

Per i ragazzi questa cerimonia è chiamata Bar Mitzvah, che significa "figlio del comandamento". Ha luogo quando un ragazzo compie 13 anni. Per le ragazze, la cerimonia è chiamata Bat Mitzvah, che significa "figlia del comandamento", e avviene quando una ragazza compie 12 anni. Queste età si basano sull'antica comprensione ebraica di quando i bambini raggiungono la maturità.

Le cerimonie Bar Mitzvah e Bat Mitzvah sono più che semplici celebrazioni; sono riti di passaggio che implicano una preparazione e un apprendimento significativi. Negli anni che precedono la cerimonia, il giovane frequenta solitamente la scuola ebraica e studia testi, preghiere e tradizioni ebraiche. Imparano anche a leggere la Torah, il riferimento centrale della legge religiosa ebraica.

La cerimonia stessa si tiene spesso durante il servizio di Shabbat nella sinagoga. Per un Bar Mitzvah, il giovane è chiamato per la prima volta alla Torah per recitare una parte della lettura settimanale della Torah. Questo è noto come aliyah, che significa "salire", riferendosi all'atto di ascendere alla piattaforma di lettura della Torah, o bimah. Recita anche una parte dell'Haftarah, che è una selezione dai libri dei Profeti che viene letta dopo la parte della Torah. Il ragazzo del Bar Mitzvah prepara spesso un D'var Torah, un discorso che spiega la porzione della Torah e la sua rilevanza.

Allo stesso modo, durante una cerimonia di Bat Mitzvah, la giovane donna può anche essere chiamata alla Torah per recitarne una parte, sebbene le pratiche possano variare a seconda della denominazione e della comunità. In alcune tradizioni, potrebbe condurre parti del servizio, recitare preghiere o dare un D'var Torah.

Le cerimonie del Bar e del Bat Mitzvah sono profondamente significative per il giovane e la sua famiglia. Segnano la fine dell'infanzia e l'inizio di una nuova fase della vita, in cui l'individuo assume maggiori responsabilità religiose e morali. Le cerimonie sottolineano l'importanza della comunità, poiché sono generalmente frequentate da familiari, amici e membri della congregazione, i quali si riuniscono per celebrare questa occasione significativa.

Dopo la funzione religiosa, è consuetudine organizzare un pasto festivo o una festa per celebrare il Bar o Bat Mitzvah. Questo incontro include cibo, musica, balli e discorsi, sottolineando ulteriormente la gioia e il significato dell'evento. Spesso vengono offerti regali al Bar o al Bat Mitzvah, molti dei quali hanno un significato religioso o educativo, come libri, Giudaica o contributi per la loro futura istruzione.

L'importanza del Bar e del Bat Mitzvah non risiede solo nella cerimonia in sé ma anche in ciò che rappresenta. Diventando un Bar o Bat Mitzvah, il giovane viene riconosciuto come membro a pieno titolo della comunità ebraica con la capacità di partecipare a tutti gli aspetti della vita religiosa ebraica. Ora possono essere conteggiati in un minyan, il quorum di dieci ebrei adulti richiesto per alcune preghiere comunitarie. Ci si aspetta inoltre che osservino i comandamenti, compiano mitzvot (buone azioni) e continuino la loro educazione ebraica.

Le cerimonie del Bar e del Bat Mitzvah rappresentano anche un momento in cui i giovani riflettono sulla propria identità e sul proprio posto all'interno della tradizione ebraica. Attraverso lo studio e la preparazione, acquisiscono una comprensione più profonda del loro patrimonio e dei valori che guidano la loro comunità. Questo processo aiuta a instillare un senso di orgoglio e responsabilità, incoraggiandoli a vivere la propria vita in conformità con gli insegnamenti ebraici e a contribuire positivamente alla loro comunità.

Inoltre, queste cerimonie promuovono un senso di continuità e connessione tra le generazioni. Genitori, nonni e altri membri della famiglia spesso condividono le proprie esperienze e ricordi, rafforzando i legami che uniscono la famiglia e la più ampia comunità ebraica. Il Bar e il Bat Mitzvah fungono quindi da anello della catena della tradizione ebraica, trasmettendo i valori e le pratiche che hanno sostenuto il popolo ebraico per migliaia di anni.

Le cerimonie del Bar e del Bat Mitzvah sono eventi cruciali nella vita ebraica, che segnano il passaggio dall'infanzia all'età adulta e l'accettazione delle responsabilità religiose e morali. Implicano una preparazione e un apprendimento significativi, che culminano in una cerimonia significativa celebrata dalla comunità. Questi traguardi aiutano a instillare nel giovane un forte senso di identità, continuità e responsabilità, garantendo la continua vitalità della tradizione ebraica e della vita comunitaria.

Matrimonio, divorzio e morte nella tradizione ebraica

Il matrimonio, il divorzio e la morte sono eventi significativi della vita in qualsiasi cultura e, nella tradizione ebraica, sono contrassegnati da rituali e pratiche specifici che portano con sé un profondo significato religioso e culturale.

Nel giudaismo, il matrimonio è considerato un patto sacro, o brit, tra due persone, ed è molto apprezzato come pietra angolare della vita e della comunità ebraica. La cerimonia nuziale, o chuppah, comprende diversi elementi chiave. Di solito inizia con la firma della ketubah, un contratto matrimoniale che delinea gli obblighi del marito nei confronti della moglie, fornendo protezione e diritti alla sposa. Questo documento è spesso splendidamente decorato e diventa un prezioso ricordo.

La cerimonia nuziale stessa di solito si svolge sotto una chuppah, un baldacchino che simboleggia la nuova casa della coppia. La cerimonia è guidata da un rabbino o altro officiante e prevede la recitazione di benedizioni davanti a una coppa di vino, a simboleggiare gioia e abbondanza. Lo sposo mette un anello al dito della sposa, dichiarando: "Ecco, tu sei consacrata a me con questo anello secondo la legge di Mosè e di Israele". In molte cerimonie moderne la sposa regala anche un anello allo sposo.

Un momento significativo nel matrimonio ebraico è la rottura del vetro, che avviene al termine della cerimonia. Lo sposo (e talvolta la sposa) calpesta un vetro, mandandolo in frantumi. Questo atto ha varie interpretazioni, tra cui ricordare la distruzione del Tempio di Gerusalemme e riconoscere che anche nei momenti di grande gioia dobbiamo essere consapevoli delle imperfezioni del mondo. Gli ospiti tipicamente rispondono gridando "Mazel tov!" che significa "Congratulazioni!"

Anche il divorzio nell'ebraismo è affrontato con procedure e rituali specifici, che ne riflettono la serietà e il rispetto del patto matrimoniale. La legge ebraica consente il divorzio, ma deve essere condotto secondo l'Halacha, o legge ebraica. Il processo prevede la concessione di un get, un documento di divorzio religioso, che deve essere scritto appositamente per la coppia da uno scriba. Il marito consegna il permesso alla moglie in presenza di testimoni, e lei deve accettarlo affinché il divorzio sia valido.

Questa procedura garantisce che entrambe le parti riconoscano la fine del matrimonio, consentendo loro di risposarsi secondo la legge ebraica. Il get serve a tutelare i diritti di entrambi gli individui, in particolare della donna, che altrimenti rimarrebbe vincolata al marito secondo la legge ebraica.

Quando si tratta di morte, la tradizione ebraica pone grande enfasi sull'onorare il defunto e sul conforto della persona in lutto. Il processo inizia con la chevra kadisha, una società sacra responsabile della preparazione rituale del corpo. Questa preparazione, chiamata tahara, prevede il lavaggio e la purificazione del corpo, la vestizione con un semplice sudario bianco e la deposizione in una semplice bara di legno. Queste pratiche riflettono la convinzione nell'uguaglianza di tutte le persone dopo la morte, indipendentemente dal loro status in vita.

Il funerale in genere avviene il prima possibile dopo la morte, solitamente entro 24 ore. Si inizia con una breve funzione presso l'abitazione del defunto o presso l'impresa funebre, seguita dal corteo fino al cimitero. Sulla tomba vengono recitate ulteriori preghiere e possono essere pronunciati elogi. La sepoltura stessa è un'importante mitzvah, o buona azione, con la famiglia e gli amici che partecipano nel mettere la terra sulla bara, a significare il loro atto finale di gentilezza verso il defunto.

Dopo la sepoltura inizia il periodo di lutto, noto come shiva. Shiva dura sette giorni, durante i quali i parenti stretti si riuniscono nella casa del defunto per piangere e ricevere visitatori. Le persone in lutto si siedono su sgabelli bassi o sul pavimento, coprono gli specchi e si astengono da determinate attività in segno di dolore. Recitano il Kaddish, una preghiera di lode a Dio, più volte al giorno, sottolineando la continuità della fede anche nel dolore.

Il processo di lutto continua con lo shloshim, un periodo di 30 giorni durante i quali le persone in lutto riprendono gradualmente le normali attività pur osservando alcune restrizioni. Per la perdita di un genitore segue un periodo di lutto più lungo di 11 mesi, con la recitazione quotidiana del Kaddish. Questo periodo prolungato consente alle persone in lutto di onorare la persona amata ed elaborare il dolore nel tempo.

Durante i periodi di lutto, la comunità svolge un ruolo cruciale nel fornire sostegno e conforto. Amici e familiari visitano le persone in lutto, portano i pasti e partecipano ai servizi di preghiera, assicurandosi che le persone in lutto non siano lasciate sole nel loro dolore. Questo coinvolgimento comunitario sottolinea l'importanza della comunità e della responsabilità condivisa nella vita ebraica.

Le pratiche e i rituali ebraici relativi al matrimonio, al divorzio e alla morte sono profondamente radicati nella legge e nella tradizione religiosa. Forniscono struttura e significato a questi eventi significativi della vita, sottolineando la santità del matrimonio, la gravità del divorzio e l'importanza di onorare il defunto e sostenere le persone in lutto. Questi rituali aiutano gli individui ad affrontare le complessità delle transizioni della vita nel quadro della fede e della comunità ebraica.

CAPITOLO 8

Etica e valori ebraici

Tzedakah: carità e giustizia sociale

Tzedakah è un concetto fondamentale nel giudaismo che significa carità o rettitudine. Svolge un ruolo significativo nella promozione della giustizia sociale all'interno delle comunità ebraiche. Tzedakah non è semplicemente un atto di dare denaro o risorse; è considerato un obbligo morale, un aspetto essenziale del vivere una vita retta e un modo per creare un mondo più giusto e compassionevole.

Il concetto di Tzedakah ha origine dalla radice ebraica "tzedek", che significa giustizia o rettitudine. A differenza della beneficenza, che è spesso vista come un atto volontario di gentilezza, la Tzedakah è vista come un dovere, un requisito etico per coloro che sono in grado di aiutare chi è nel bisogno. Questo senso del dovere è profondamente radicato negli insegnamenti ebraici ed è visto come un modo per garantire equità ed equità nella società.

Uno degli aspetti chiave della Tzedakah è la convinzione che tutto ciò che possediamo appartiene in ultima analisi a Dio. Pertanto, condividere le nostre risorse con i meno fortunati non è solo un atto generoso ma una restituzione di ciò che spetta loro di diritto. Questa prospettiva incoraggia un senso di umiltà e responsabilità, ricordando alle persone che la loro ricchezza e i loro beni non sono solo a loro vantaggio ma anche per il miglioramento della comunità.

Nella tradizione ebraica, ci sono diversi livelli di donazione della Tzedakah, come descritto dal filosofo ebreo medievale Maimonide. Il livello più alto di Tzedakah è aiutare qualcuno a diventare autosufficiente fornendogli un lavoro o un prestito per avviare un'impresa. Questo tipo di assistenza consente al destinatario di mantenersi e mantenere la propria dignità. Altri livelli includono dare in modo anonimo per evitare di mettere in imbarazzo il destinatario, dare senza sapere chi è il destinatario e dare prima che gli venga chiesto. Questi diversi livelli sottolineano l'importanza non solo dell'atto di donare, ma anche del modo in cui viene compiuto, garantendo che sia preservata la dignità di chi lo riceve.

Tzedakah non si limita al sostegno finanziario. Comprende anche atti di gentilezza e servizio, come il tempo di volontariato, la fornitura di supporto emotivo e la difesa della giustizia sociale. Queste azioni contribuiscono al benessere generale della comunità e riflettono la più ampia comprensione della Tzedakah come impegno per la giustizia e la compassione.

Uno dei momenti più significativi per donare la Tzedakah è durante le festività ebraiche e gli eventi del ciclo di vita. Ad esempio, è consuetudine offrire la Tzedakah prima dello Shabbat e delle festività, nonché durante eventi importanti come matrimoni, bar e bat mitzvah e funerali. Questa pratica rafforza l'idea che celebrare e celebrare momenti importanti della vita dovrebbe essere accompagnato da atti di generosità e responsabilità sociale.

Le comunità ebraiche di tutto il mondo hanno fondato varie istituzioni e organizzazioni dedicate alla Tzedakah. Questi includono banche alimentari, ospedali, scuole e fondazioni di beneficenza che forniscono sostegno a chi ne ha bisogno. Le sinagoghe hanno spesso scatole Tzedakah dove i fedeli possono donare denaro, che viene poi distribuito a varie cause di beneficenza. Questo approccio istituzionalizzato garantisce che Tzedakah sia una parte centrale e organizzata della vita comunitaria.

Il principio della Tzedakah si estende oltre la comunità ebraica, sottolineando l'importanza di aiutare tutte le persone bisognose, indipendentemente dal loro background o fede. Questo approccio universale alla carità e alla giustizia riflette il più ampio valore ebraico del "tikkun olam", che significa riparare il mondo. Tikkun olam incoraggia gli ebrei a lavorare per creare una società più giusta ed equa per tutti.

Insegnare ai bambini la Tzedakah è un aspetto importante dell'educazione ebraica. Fin dalla giovane età, i bambini sono incoraggiati a partecipare ad atti di donazione, sia donando una parte del loro assegno, offrendo il loro tempo come volontari o impegnandosi in progetti a beneficio degli altri. Questo coinvolgimento precoce aiuta a instillare i valori di compassione, responsabilità e giustizia, trasformandoli in individui premurosi ed etici.

Il ruolo di Tzedakah nel promuovere la giustizia sociale è profondo. Prendendosi cura dei bisognosi e affrontando le disuguaglianze sociali, Tzedakah aiuta a creare una società più equilibrata ed equa.

Incoraggia gli individui e le comunità a riconoscere la loro interconnessione e responsabilità reciproca, promuovendo un senso di solidarietà e benessere collettivo.

Tzedakah svolge anche un ruolo fondamentale nell'affrontare questioni sistemiche come la povertà, la fame e la disuguaglianza. Sostenendo le organizzazioni e le iniziative che affrontano questi problemi alla radice, Tzedakah contribuisce a soluzioni a lungo termine e al cambiamento sostenibile. Questo approccio è in linea con l'enfasi ebraica sulla giustizia e con la convinzione che tutti meritino l'opportunità di vivere con dignità e sicurezza.

Tzedakah è un concetto centrale nel giudaismo che comprende carità, giustizia e rettitudine. È un obbligo morale che va oltre la donazione volontaria, sottolineando l'importanza della correttezza e dell'equità nella società. Attraverso varie forme di sostegno, tra cui assistenza finanziaria, atti di gentilezza e sostegno, Tzedakah aiuta a creare un mondo più giusto e compassionevole. Insegnando e praticando la Tzedakah, le comunità ebraiche sostengono il loro impegno per la giustizia sociale e contribuiscono al benessere di tutte le persone.

Il concetto di Tikkun Olam: riparare il mondo

Tikkun Olam è una frase ebraica che significa "riparare il mondo". Questo concetto è profondamente radicato nella tradizione e nel pensiero ebraico e ispira l'azione sociale e il servizio alla comunità. L'idea di Tikkun Olam è quella di rendere il mondo un posto migliore affrontando le ingiustizie sociali, aiutando i bisognosi e migliorando la qualità generale della vita di tutte le persone. Questo principio incoraggia gli individui ad assumersi la responsabilità del benessere degli altri e dell'ambiente, promuovendo un senso di interconnessione e di umanità condivisa.

Le origini di Tikkun Olam possono essere fatte risalire ad antichi testi e insegnamenti ebraici. Nella Mishnah, uno dei primi testi rabbinici, la frase è usata nel contesto delle riforme legali e sociali progettate per migliorare la società. I rabbini hanno sottolineato l'importanza delle azioni a beneficio della comunità, come la carità, l'onestà negli affari e la cura per i più vulnerabili. Nel corso del tempo, Tikkun Olam si è evoluto fino a comprendere una gamma più ampia di attività volte ad affrontare questioni sociali e ambientali.

Uno degli elementi chiave di Tikkun Olam è la convinzione che gli individui abbiano il potere e la responsabilità di apportare cambiamenti positivi nel mondo. Questa idea è strettamente legata al concetto di "mitzvot", che sono comandamenti o buone azioni che gli ebrei sono obbligati a compiere. Molte di queste mitzvot sono direttamente collegate alla giustizia sociale e alla cura degli altri, come nutrire gli affamati, visitare i malati e proteggere l'ambiente. Eseguendo queste mitzvot, gli individui contribuiscono al processo in corso di Tikkun Olam.

Tikkun Olam non si limita a progetti su larga scala o a grandi movimenti sociali; può essere praticato anche attraverso piccole azioni quotidiane. Semplici atti di gentilezza, come aiutare un vicino, fare volontariato in un ente di beneficenza locale o ridurre la propria impronta ambientale, contribuiscono tutti a risanare il mondo. Questo approccio rende Tikkun Olam accessibile a tutti, indipendentemente dall'età, dal background o dalle risorse.

Nei tempi moderni, Tikkun Olam è diventato un tema centrale nel lavoro ebraico per la giustizia sociale. Molte organizzazioni e comunità ebraiche sono attivamente coinvolte in iniziative che affrontano questioni come la povertà, la disuguaglianza, il cambiamento climatico e i diritti umani. Questi sforzi sono spesso guidati dai principi di Tikkun Olam, che sottolineano l'importanza della compassione, della giustizia e della responsabilità collettiva.

Un esempio di Tikkun Olam in azione è il lavoro delle organizzazioni ambientaliste ebraiche. Questi gruppi si concentrano sulla promozione della sostenibilità, della conservazione e della giustizia ambientale. Sostengono politiche che proteggano le risorse naturali, riducano l'inquinamento e combattano il cambiamento climatico. Impegnandosi in queste attività, soddisfano l'imperativo ebraico di prendersi cura della Terra e garantire che le generazioni future possano godere di un mondo sano e sostenibile.

Un altro ambito in cui Tikkun Olam svolge un ruolo significativo è quello della giustizia sociale ed economica. Le organizzazioni ebraiche lavorano spesso per affrontare questioni come i senzatetto, la fame e l'accesso all'istruzione e all'assistenza sanitaria. Forniscono assistenza diretta a chi ne ha bisogno, sostengono il cambiamento sistemico e collaborano con altri gruppi comunitari per creare una società più giusta ed equa. Questo lavoro riflette i valori ebraici di compassione, dignità e convinzione che tutti meritino di vivere con sicurezza e opportunità.

Tikkun Olam ispira anche la collaborazione interreligiosa e interculturale. Lavorando con persone di diversa estrazione e fede, le comunità ebraiche possono costruire ponti di comprensione e cooperazione. Queste partnership aiutano ad affrontare sfide condivise, come la povertà, la discriminazione e il degrado ambientale, e dimostrano l'importanza universale di lavorare insieme per creare un mondo migliore.

L'istruzione è un altro aspetto importante di Tikkun Olam. Insegnare ai bambini e ai giovani i valori e le pratiche di Tikkun Olam aiuta a instillare un senso di responsabilità sociale e un comportamento etico fin dalla tenera età. Le scuole e i programmi educativi ebraici spesso includono lezioni sulla giustizia sociale, sulla gestione ambientale e sul servizio alla comunità. Queste lezioni incoraggiano gli studenti a pensare in modo critico al mondo che li circonda e ad agire per avere un impatto positivo.

Tikkun Olam ha anche una dimensione spirituale. Molti ebrei vedono i loro sforzi per riparare il mondo come un modo per connettersi con Dio e adempiere ai propri obblighi religiosi. Questa prospettiva spirituale aggiunge un significato più profondo alle loro azioni, rafforzando l'idea che prendersi cura degli altri e del pianeta è un dovere sacro. Fornisce anche un senso di scopo e realizzazione, sapendo che i loro sforzi contribuiscono a un piano divino più ampio per un mondo giusto e armonioso.

Tikkun Olam è un concetto potente e stimolante nel giudaismo che incoraggia le persone ad agire per riparare il mondo. Comprende una vasta gamma di attività, dai piccoli atti di gentilezza alle iniziative di giustizia sociale su larga scala. Promuovendo la compassione, la giustizia e la responsabilità collettiva, Tikkun Olam aiuta a creare un mondo migliore e più equo per tutte le persone. Attraverso l'istruzione, il servizio alla comunità e la collaborazione interreligiosa, i principi di Tikkun Olam continuano a ispirare e guidare gli sforzi per affrontare le questioni urgenti del nostro tempo.

Insegnamenti etici da Pirkei Avot

Pirkei Avot, noto anche come "Etica dei Padri", è una raccolta di insegnamenti e massime etiche del periodo mishnaico. Questo trattato della Mishnah è unico perché si concentra su consigli morali e saggezza pratica piuttosto che su sentenze legali. Pirkei Avot offre una guida senza tempo su come vivere una vita buona e retta, e i suoi insegnamenti rimangono attuali e stimolanti anche oggi.

Uno degli insegnamenti centrali di Pirkei Avot è l'importanza di trattare gli altri con rispetto e gentilezza. Hillel il Vecchio disse notoriamente: "Ciò che è odioso per te, non farlo al tuo prossimo.

Questa è l'intera Torah; il resto è la spiegazione; vai e impara". Questo principio, noto come Regola d'Oro, ci incoraggia a considerare l'impatto delle nostre azioni sugli altri e ad agire con empatia e compassione. Nel mondo di oggi, questo insegnamento promuove una cultura del rispetto e della comprensione, aiutando a costruire relazioni e comunità armoniose.

Un altro insegnamento chiave di Pirkei Avot è il valore dell'umiltà. Rabbi Yochanan ben Zakkai insegnò: "Se hai imparato molto dalla Torah, non prenderti il merito, perché è per questo che sei stato creato". Questo ci ricorda di rimanere umili e di riconoscere che i nostri risultati fanno parte del nostro dovere di esseri umani. L'umiltà è essenziale in un mondo in cui spesso si celebrano l'arroganza e l'autopromozione. Promuovendo l'umiltà, possiamo creare una società più cooperativa e solidale in cui gli individui lavorano insieme per il bene comune.

Pirkei Avot sottolinea inoltre l'importanza dell'apprendimento continuo e dell'auto-miglioramento. Ben Zoma ha detto: "Chi è saggio? Colui che impara da tutti, come è detto: 'Da tutti i miei insegnanti ho acquisito comprensione'." Questo insegnamento incoraggia una ricerca permanente della conoscenza e della saggezza, ricordandoci che c'è sempre qualcosa da imparare dagli altri. Nel mondo di oggi in rapida evoluzione, la capacità di adattarsi e crescere attraverso l'apprendimento continuo è più importante che mai. Abbracciando questa mentalità, possiamo rimanere aperti a nuove idee e prospettive, favorendo l'innovazione e lo sviluppo personale.

Il concetto di giustizia è un altro tema significativo in Pirkei Avot. Il rabbino Shimon ben Gamliel ha affermato: "Il mondo si regge su tre cose: sulla giustizia, sulla verità e sulla pace". La giustizia implica equità e tutela dei diritti di tutti gli individui. Questo insegnamento sottolinea la necessità di stabilire sistemi giusti ed equi nella società, garantendo che tutti siano trattati con equità e dignità. Nei tempi contemporanei, sostenere la giustizia sociale e affrontare le disuguaglianze è in linea con questo principio etico, promuovendo un mondo più giusto e pacifico.

Pirkei Avot sottolinea anche l'importanza dell'azione e della responsabilità. Il rabbino Tarfon insegnò: "Non è tua responsabilità finire il lavoro, ma non sei nemmeno libero di desistere da esso". Ciò significa che, anche se potremmo non essere in grado di risolvere ogni problema o completare ogni compito, abbiamo comunque il dovere di contribuire e compiere uno sforzo. Questo insegnamento ci incoraggia ad assumerci la responsabilità delle nostre azioni e a lavorare per un cambiamento positivo, anche se i risultati sono incerti. Nel mondo complesso e interconnesso di oggi, questo principio motiva gli individui a impegnarsi in cause sociali e ambientali, sapendo che i loro sforzi, non importa quanto piccoli, possono fare la differenza.

Il rispetto per insegnanti e mentori è un altro insegnamento cruciale in Pirkei Avot. Rabbi Elazar ben Shamua disse: "Lascia che l'onore del tuo studente ti sia caro quanto il tuo, e l'onore del tuo collega quanto la riverenza per il tuo insegnante". Questo insegnamento sottolinea il valore del rispetto e dell'apprezzamento reciproci all'interno delle relazioni educative e professionali. Promuove una cultura di rispetto e gratitudine, riconoscendo l'importante ruolo che insegnanti e mentori svolgono nella nostra crescita personale e intellettuale. Nei tempi moderni, promuovere il rispetto per gli educatori e valorizzare il loro contributo è essenziale per creare ambienti di apprendimento favorevoli ed efficaci.

Pirkei Avot affronta anche l'equilibrio tra lavoro e vita spirituale. Il rabbino Meir insegnò: "Riduci al minimo le tue attività commerciali e occupati della Torah". Questo insegnamento ci ricorda l'importanza di trovare un equilibrio tra le nostre attività materiali e il nostro sviluppo spirituale ed etico. Nel mondo frenetico e materialista di oggi, questo principio ci incoraggia a dare priorità ai nostri valori e alla crescita personale rispetto alla ricerca incessante della ricchezza e del successo. Trovando questo equilibrio, possiamo condurre vite più appaganti e significative.

Il valore della pace è un altro insegnamento centrale di Pirkei Avot. Hillel disse: "Sii dei discepoli di Aronne, amando la pace e perseguendo la pace". Questo insegnamento sottolinea l'importanza di promuovere la pace e risolvere i conflitti nelle nostre relazioni e comunità. In un mondo spesso segnato dalla discordia e dalla divisione, la ricerca della pace è fondamentale per creare ambienti armoniosi e solidali. Promuovendo la comprensione e la cooperazione possiamo contribuire a una società più pacifica e stabile.

Pirkei Avot insegna l'importanza della gratitudine e dell'apprezzamento. Ben Zoma ha detto: "Chi è ricco? Colui che è felice con la sua sorte". Questo insegnamento ci incoraggia ad apprezzare ciò che abbiamo e a trovare contentezza nella nostra vita. In una società che spesso identifica la ricchezza con la felicità, questo principio ci ricorda che la vera ricchezza deriva dalla contentezza e dalla gratitudine. Concentrandoci sugli aspetti positivi della nostra vita ed esprimendo gratitudine, possiamo coltivare un senso di appagamento e benessere.

Gli insegnamenti etici di Pirkei Avot offrono saggezza e guida senza tempo per condurre una vita buona e retta. Questi insegnamenti sottolineano l'importanza del rispetto, dell'umiltà, dell'apprendimento continuo, della giustizia, dell'azione, del rispetto per gli insegnanti, dell'equilibrio, della pace e della gratitudine. Nel mondo di oggi, questi principi rimangono rilevanti e stimolanti, fornendo una base per il comportamento etico e la crescita personale. Abbracciando questi

insegnamenti possiamo contribuire a una società più
giusta, compassionevole e pacifica.

CAPITOLO 9

Misticismo ebraico e Kabbalah

Introduzione alla Kabbalah

La Kabbalah è una tradizione mistica all'interno dell'ebraismo che cerca di comprendere la natura di Dio, dell'universo e dell'anima umana. La parola "Kabbalah" significa "ricevere" in ebraico e si riferisce alla conoscenza che è stata tramandata attraverso generazioni di studiosi e mistici ebrei. Questa tradizione mistica affonda le sue radici in antichi testi ebraici, ma si sviluppò più formalmente durante il Medioevo, in particolare nei secoli XII e XIII.

Le origini della Kabbalah possono essere fatte risalire alle precedenti tradizioni mistiche ed esoteriche ebraiche. Alcune delle prime influenze includono il Sefer Yetzirah (Libro della Creazione) e il Sefer HaBahir (Libro della Luminosità), che sono testi fondamentali che esplorano la natura della creazione e l'interpretazione mistica dell'alfabeto ebraico. Questi lavori gettarono le basi per il sistema più completo di pensiero cabalistico che sarebbe emerso in seguito.

Uno dei testi centrali della Kabbalah è lo Zohar, un commento mistico alla Torah scritto sotto forma di romanzo. Lo Zohar fu composto nel XIII secolo dal mistico ebreo spagnolo Rabbi Moses de Leon, che lo attribuì al saggio Rabbi Shimon bar Yochai del II secolo. Lo Zohar approfondisce i significati nascosti della Torah ed esplora temi come la natura di Dio, il processo di creazione, la struttura dei regni spirituali e il ruolo dell'umanità nel piano divino.

La Kabbalah si basa su diversi principi chiave che cercano di spiegare la relazione tra il Dio infinito e inconoscibile (denominato Ein Sof, che significa "senza fine") e il mondo finito e materiale. Uno di questi principi è il concetto delle Sefirot, che sono dieci emanazioni o attributi attraverso i quali Dio interagisce con l'universo. Queste Sefirot sono spesso raffigurate come un albero, conosciuto come l'Albero della Vita, e ciascuna Sefirah rappresenta un aspetto diverso della natura di Dio, come saggezza, comprensione, gentilezza e giustizia. Le Sefirot sono interconnesse e si pensa che le loro interazioni influenzino lo svolgersi degli eventi nel mondo.

Un altro concetto importante nella Kabbalah è l'idea delle scintille divine, o Nitzotzot. Secondo il pensiero cabalistico, quando Dio creò il mondo, la luce divina era contenuta all'interno di vasi che si frantumarono, disperdendo queste scintille in tutto l'universo. Il compito dell'umanità, secondo la Kabbalah, è raccogliere ed elevare queste scintille attraverso azioni rette, preghiera e studio della Torah, ripristinando così l'armonia nella creazione e determinando la redenzione spirituale.

La Kabbalah sottolinea anche l'importanza dell'intenzione, o Kavanah, nella pratica religiosa. Insegna che l'efficacia spirituale delle preghiere e dei rituali aumenta notevolmente se eseguiti con la giusta intenzione e consapevolezza. Questa attenzione alla devozione interiore e all'allineamento del proprio cuore e della propria mente con il divino è un segno distintivo della spiritualità cabalistica.

Uno degli aspetti intriganti della Kabbalah è il suo approccio alla comprensione dei misteri dell'alfabeto ebraico e della Torah. I Kabbalisti credono che le lettere ebraiche non siano solo simboli ma siano permeate di potere e significato divini. Attraverso varie tecniche, come Gematria (interpretazione numerica delle parole), Notarikon (metodi acrostici) e Temurah (riorganizzazione delle lettere), i Kabbalisti scoprono significati e connessioni nascosti all'interno dei testi sacri. Si ritiene che questi metodi rivelino intuizioni più profonde sulla natura di Dio e dell'universo.

Oltre ai suoi aspetti teorici, la Kabbalah ha un lato pratico che coinvolge pratiche meditative e contemplative. Queste pratiche sono progettate per aiutare le persone a connettersi con il divino e raggiungere stati più elevati di consapevolezza spirituale. Per raggiungere questo obiettivo vengono utilizzate tecniche come visualizzare le Sefirot, recitare i nomi sacri di Dio e meditare su passaggi specifici della Torah. Lo scopo ultimo di queste pratiche è sperimentare un senso di unità con il divino e acquisire intuizioni profonde sulla natura della realtà.

La Kabbalah ha avuto un'influenza significativa sul pensiero e sulla pratica ebraica nel corso dei secoli. Ha ispirato vari movimenti all'interno dell'ebraismo, come il chassidismo, emerso nel XVIII secolo. Il chassidismo pone una forte enfasi sull'adorazione gioiosa, sull'esperienza mistica e sulla presenza di Dio nella vita di tutti i giorni. Molti insegnamenti e costumi chassidici sono profondamente radicati nelle idee cabalistiche, rendendo la tradizione mistica parte integrante della loro vita religiosa.

Nonostante le sue profonde radici nella tradizione ebraica, la Kabbalah ha attirato interesse anche al di fuori della comunità ebraica. Negli ultimi anni, la Kabbalah ha guadagnato popolarità tra persone di diversa estrazione che cercano intuizione spirituale e trasformazione personale. Tuttavia, è importante avvicinarsi alla Kabbalah con rispetto per le sue origini e il suo contesto, poiché è una tradizione complessa e profonda che richiede studio e impegno seri.

La Kabbalah è una tradizione mistica ricca e intricata all'interno dell'ebraismo che cerca di comprendere la natura di Dio, dell'universo e dell'anima umana. Con le sue origini negli antichi testi ebraici e il suo sviluppo durante il Medioevo, la Kabbalah offre una prospettiva unica sulla relazione tra l'infinito e il finito. Attraverso i suoi principi, come le Sefirot, le scintille divine e il potere dell'intenzione, la Kabbalah fornisce una struttura per la crescita spirituale e la ricerca della conoscenza divina. Sia attraverso lo studio teorico che la meditazione pratica, la Kabbalah continua a ispirare e guidare coloro che cercano una connessione più profonda con il divino.

Concetti principali: L'Albero della Vita e le Sefirot

L'Albero della Vita e le Sefirot sono concetti centrali nel pensiero cabalistico e forniscono un quadro per comprendere la relazione tra Dio, l'universo e l'anima umana. L'Albero della Vita è un diagramma simbolico utilizzato nella Kabbalah per rappresentare la struttura del mondo spirituale, ed è composto da dieci Sefirot, o emanazioni divine, attraverso le quali Dio interagisce e sostiene la creazione.

L'Albero della Vita è spesso raffigurato come un albero con radici nel cielo e rami che si estendono verso la terra. Ogni Sefirah (singolare di Sefirot) rappresenta un diverso attributo o aspetto di Dio. Queste Sefirot sono interconnesse, formando percorsi che rappresentano il flusso di energia divina da una Sefirah all'altra. Comprendere l'Albero della Vita e le Sefirot aiuta a spiegare come il Dio infinito e inconoscibile, noto come Ein Sof (che significa "senza fine"), può relazionarsi con il mondo fisico finito.

La prima Sefirah è Keter, che significa "Corona". È il punto più alto dell'Albero della Vita e rappresenta la volontà divina e la fonte di tutta la creazione. Keter è considerato oltre la comprensione umana, un luogo dove hanno origine il divino e l'infinito. Da Keter fluisce la seconda Sefirah, Chochmah, o "Saggezza". Chochma rappresenta la scintilla iniziale della creazione, il lampo di intuizione o ispirazione che precede la comprensione.

La terza Sefirah è Binah, che significa "Comprensione". Binah prende il potenziale grezzo di Chochmah e gli dà forma, modellandolo in qualcosa di comprensibile. Insieme, Chochmah e Binah formano la prima triade delle Sefirot, conosciuta come la "Triade Superna", che rappresenta i livelli più alti della coscienza divina.

Sotto questa triade c'è la Sefirah di Chesed, che significa "gentilezza" o "gentilezza amorevole". Chesed incarna la natura espansiva e generosa di Dio, l'amore divino che scorre liberamente e abbondantemente. Di fronte a Chesed c'è Gevurah, che significa "Forza" o "Giudizio". Gevurah rappresenta l'aspetto di Dio che impone confini, giustizia e disciplina. Queste due Sefirot si bilanciano a vicenda, creando una tensione dinamica tra dare e moderazione.

La successiva Sefirah è Tiferet, che significa "Bellezza". Tiferet è il centro dell'Albero della Vita e armonizza le qualità di Chesed e Gevurah. Rappresenta l'equilibrio, la compassione e la verità. Tiferet è spesso associato al cuore e alla bellezza che nasce dall'integrazione di gentilezza e giudizio.

Sotto Tiferet c'è Netzach, che significa "Eternità" o "Vittoria". Netzach rappresenta la resistenza, la tenacia e la spinta al raggiungimento dei risultati. È la forza che spinge avanti, superando gli ostacoli. Di fronte a Netzach c'è Hod, che significa "Gloria" o "Splendore". Hod rappresenta l'umiltà, la sottomissione e il riconoscimento dell'ordine divino.

La Sefirah successiva è Yesod, che significa "Fondamento". Yesod è il punto in cui il mondo spirituale e quello fisico si connettono. Incanala le energie delle Sefirot superiori nel regno materiale, fungendo da ponte tra i due. Yesod è spesso associato all'idea di una persona giusta, o Tzaddik, che incarna questa connessione.

La Sefirah finale sull'Albero della Vita è Malchut, che significa "Regno". Malchut rappresenta il mondo fisico e la manifestazione del divino in forma tangibile. È il regno dell'azione e il luogo in cui i principi spirituali vengono realizzati nella vita di tutti i giorni. Malchut è vista anche come l'aspetto femminile del divino, che riceve e nutre le energie dalle Sefirot superiori.

Ogni Sefirah non rappresenta solo un attributo divino ma corrisponde anche a diversi aspetti dell'esperienza e della personalità umana. Studiando e meditando sulle Sefirot, i Kabbalisti cercano di allinearsi con queste qualità divine e di realizzare crescita spirituale e illuminazione. L'interazione tra le Sefirot sull'Albero della Vita riflette la natura complessa e dinamica della creazione e il processo continuo di interazione divina con il mondo.

L'Albero della Vita comprende anche 22 sentieri che collegano le Sefirot, corrispondenti alle 22 lettere dell'alfabeto ebraico. Questi percorsi rappresentano diversi stati spirituali e il viaggio dell'anima verso una coscienza superiore. Si ritiene che percorrere questi sentieri attraverso la meditazione e la contemplazione conduca a una maggiore comprensione spirituale e vicinanza a Dio.

Il pensiero cabalistico sottolinea l'importanza dell'equilibrio e dell'armonia tra le Sefirot. Quando una Sefirah è eccessivamente dominante o carente, può portare alla disarmonia nell'individuo e nel mondo. Ad esempio, un Chesed eccessivo senza la forza equilibratrice di Gevurah può provocare una generosità incontrollata, mentre un Gevurah eccessivo senza Chesed può portare a durezza e rigidità. L'obiettivo è coltivare le qualità di ogni Sefirah in modo equilibrato, creando una vita interiore ed esteriore armoniosa.

Oltre al loro significato teologico, le Sefirot sono utilizzate nella Kabbalah pratica per affrontare questioni personali e comunitarie. Ad esempio, meditare sulla Sefirah di Tiferet potrebbe aiutare qualcuno a sviluppare compassione ed equilibrio nelle proprie relazioni, mentre concentrarsi su

Yesod potrebbe migliorare il senso di scopo e la connessione con gli altri.

L'Albero della Vita e le Sefirot non sono solo concetti astratti ma sono pensati per essere integrati nella vita quotidiana. Incarnando le qualità delle Sefirot, gli individui possono riflettere gli attributi divini nelle loro azioni e interazioni. Questo processo di perfezionamento e crescita spirituale è visto come un modo per portare guarigione e integrità a se stessi e al mondo.

L'Albero della Vita e le Sefirot sono centrali nel pensiero cabalistico, fornendo una mappa dettagliata dell'universo spirituale e degli attributi divini. Le Sefirot rappresentano diversi aspetti di Dio e dell'esperienza umana e la loro interazione riflette la natura dinamica della creazione. Studiando e meditando sulle Sefirot, gli individui cercano di allinearsi con le qualità divine, raggiungere la crescita spirituale e portare armonia nelle loro vite e nel mondo.

L'influenza del misticismo sul pensiero ebraico

Il misticismo ebraico, in particolare attraverso la Kabbalah, ha profondamente influenzato il pensiero, la filosofia e la pratica ebraica. Il misticismo nel giudaismo offre una comprensione più profonda ed esoterica del divino e dell'universo, che integra e arricchisce gli aspetti più pratici della legge e della tradizione ebraica. Questa dimensione mistica ha modellato il modo in cui gli ebrei pensano alla loro relazione con Dio, allo scopo della creazione e alla natura delle loro pratiche spirituali.

Uno dei concetti centrali del misticismo ebraico è l'idea di Ein Sof, l'aspetto infinito e inconoscibile di Dio. Questo concetto enfatizza il mistero e la trascendenza di Dio, incoraggiando un senso di stupore e umiltà. Contrasta con visioni più antropomorfiche di Dio e invita i credenti a impegnarsi in un viaggio di scoperta spirituale, cercando di comprendere e connettersi con questa infinita presenza divina.

Gli insegnamenti cabalistici, in particolare quelli che si trovano in testi come lo Zohar, offrono un'interpretazione simbolica e allegorica della Torah e di altri testi ebraici. Queste interpretazioni rivelano strati di significato più profondi, suggerendo che ogni parola e lettera della Torah contiene saggezza nascosta. Questa prospettiva ha influenzato gli studi ebraici, incoraggiando un approccio più contemplativo e meditativo allo studio dei testi sacri. Sia gli studiosi che i laici sono ispirati a guardare oltre i significati letterali per scoprire le verità spirituali racchiuse nelle Scritture.

Anche il concetto delle Sefirot, le dieci emanazioni divine attraverso le quali Dio interagisce con il mondo, ha avuto un impatto significativo sul pensiero ebraico. Le Sefirot forniscono una struttura per comprendere i diversi aspetti del carattere di Dio e come questi aspetti si riflettono nel mondo e negli esseri umani. Questo quadro incoraggia gli ebrei a coltivare questi attributi divini dentro di sé, come la saggezza (Chochmah), la comprensione (Binah), la gentilezza (Chesed) e la giustizia (Gevurah). Sforzandosi di incarnare queste qualità, gli individui possono avvicinarsi a Dio e vivere una vita più retta.

Il misticismo ebraico sottolinea l'importanza dell'esperienza spirituale personale e il potere di trasformazione della preghiera e della meditazione. Le pratiche mistiche, come la contemplazione dei nomi divini e la visualizzazione meditativa delle Sefirot, mirano a elevare l'anima e portarla in una più stretta comunione con Dio. Queste pratiche hanno influenzato la preghiera ebraica, rendendola non solo un rituale formale ma un mezzo per raggiungere l'ascesa spirituale e l'intimità divina.

La nozione mistica di Tikkun Olam, o "riparare il mondo", ha avuto un profondo impatto sull'etica sociale e sull'attivismo ebraico. Secondo l'insegnamento cabalistico, il mondo è in uno stato di frattura spirituale ed è dovere di ogni ebreo partecipare alla sua guarigione. Questo concetto incoraggia atti di gentilezza, carità e giustizia sociale, considerandoli non solo come imperativi etici ma come missioni spirituali. Tikkun Olam ispira gli ebrei a lavorare per un mondo migliore e più giusto, che rifletta la volontà divina e porti la presenza di Dio nel regno materiale.

La Kabbalah ha anche influenzato le visioni ebraiche sull'aldilà e sul viaggio dell'anima. Gli insegnamenti mistici descrivono la discesa dell'anima nel mondo fisico come un esilio temporaneo, con l'obiettivo finale di ritornare alla sua fonte divina. Questa prospettiva offre conforto e speranza, suggerendo che la vita sulla terra è parte di un viaggio spirituale più ampio e significativo. Incoraggia anche un comportamento etico, poiché si ritiene che le azioni in questa vita influenzino il progresso dell'anima e la sua definitiva riunione con Dio.

Il misticismo ebraico ha avuto un impatto significativo sulle pratiche e sui rituali comunitari ebraici. Le interpretazioni mistiche delle festività ebraiche, ad esempio, aggiungono strati di significato più profondi alla loro osservanza. La festa della Pasqua, che celebra l'Esodo dall'Egitto, è vista anche come un momento di liberazione spirituale personale e di rettifica dell'anima. Allo stesso modo, il conteggio dell'Omer, il periodo tra Pasqua e Shavuot, è visto come un momento di raffinamento spirituale, corrispondente alla purificazione delle Sefirot.

L'influenza del misticismo è evidente nel movimento chassidico, emerso nel XVIII secolo. Il chassidismo enfatizza la gioia, la preghiera fervente e l'immanenza di Dio in tutti gli aspetti della vita. Si ispira fortemente agli insegnamenti cabalistici, in particolare alle idee dell'immanenza divina e al significato spirituale delle azioni quotidiane. Le storie e gli insegnamenti chassidici spesso evidenziano l'importanza dell'intenzione (kavanah) e della presenza di Dio nelle attività mondane, incoraggiando i seguaci a trovare la santità nell'ordinario.

I concetti mistici hanno plasmato anche gli insegnamenti etici ebraici, in particolare quelli che si trovano in Pirkei Avot (Etica dei Padri). L'attenzione all'umiltà, alla ricerca della saggezza e all'importanza della comunità riflette valori mistici. Gli insegnamenti di rinomati mistici come Rabbi Isaac Luria e Rabbi Moshe Cordovero sono stati integrati nell'etica ebraica tradizionale, sottolineando l'interconnessione di tutti gli esseri e la natura divina del comportamento etico.

L'impatto del misticismo ebraico si estende all'arte e alla cultura ebraica. I simboli mistici, come l'Albero della Vita e le varie rappresentazioni delle Sefirot, sono prevalenti nell'arte ebraica, fornendo rappresentazioni visive di concetti spirituali complessi. Temi mistici si trovano anche nella musica e nella poesia ebraica, dove esprimono il desiderio di connessione divina e la bellezza del viaggio spirituale.

Il misticismo ebraico ha profondamente influenzato la filosofia, la pratica e la cultura ebraica. I suoi insegnamenti sulla natura di Dio, sulla struttura dell'universo e sullo scopo della vita umana offrono una prospettiva ricca e multidimensionale che integra la legge e l'etica ebraica tradizionale. Integrando intuizioni mistiche nella loro vita quotidiana, gli ebrei possono approfondire la loro pratica spirituale, trovare un significato maggiore nei loro rituali e contribuire alla guarigione e al miglioramento del mondo. Attraverso la sua enfasi sulla trasformazione personale, sulla connessione divina e sulla responsabilità sociale, il misticismo ebraico continua a ispirare e arricchire la vita e il pensiero ebraico.

CAPITOLO 10

Ebraismo moderno

Le diverse denominazioni: ortodossa, conservatrice, riformata e ricostruzionista

L'ebraismo moderno è una tradizione diversificata e dinamica con varie denominazioni che riflettono credenze e pratiche diverse. Comprendere queste denominazioni può aiutarci ad apprezzare il ricco arazzo della vita ebraica e il modo in cui continua ad evolversi. Le quattro denominazioni principali all'interno dell'ebraismo sono ortodossa, conservatrice, riformata e ricostruzionista, ciascuna con il suo approccio distintivo alla legge, alla tradizione e alla modernità ebraica.

L'ebraismo ortodosso è il ramo più tradizionale, che aderisce strettamente alla Torah e al Talmud come testi divini e autorevoli. Gli ebrei ortodossi credono nell'immutabilità della Halacha (legge ebraica) e si sforzano di seguirne i comandamenti nella loro vita quotidiana. Questa denominazione è caratterizzata da una forte enfasi sull'osservanza rituale, come il rispetto delle leggi dietetiche kosher, l'osservanza del sabato e la preghiera quotidiana. Le comunità ortodosse hanno spesso ruoli separati per uomini e donne in contesti religiosi, con uomini e donne seduti separatamente nelle sinagoghe e aspettative diverse per i doveri religiosi. Il mondo ortodosso è vario e spazia dagli ortodossi moderni, che si impegnano con la società contemporanea pur mantenendo le pratiche tradizionali, agli ebrei ultra-ortodossi o Haredi, che spesso vivono in comunità insulari ed evitano le influenze secolari moderne.

L'ebraismo conservatore, noto come ebraismo Masorti al di fuori del Nord America, cerca di bilanciare la tradizione con la modernità. Questa denominazione emerse nel XIX secolo come risposta alla rigidità percepita dell'Ortodossia e al liberalismo percepito del giudaismo riformato. Gli ebrei conservatori sostengono il significato dell'Halacha ma credono che possa evolversi e adattarsi in risposta ai tempi e alle circostanze che cambiano. Si impegnano nello studio critico dei testi ebraici, applicando metodi storici e accademici per comprenderli e interpretarli. Nelle sinagoghe conservatrici potresti trovare uomini e donne seduti insieme e donne che partecipano più pienamente ai rituali religiosi, compresi i servizi religiosi e la lettura della Torah. L'ebraismo conservatore sottolinea l'importanza della comunità e della continuità, mirando a preservare la tradizione ebraica rendendola rilevante per la vita contemporanea.

Il giudaismo riformato, noto anche come giudaismo progressista o liberale, emerse all'inizio del XIX secolo in Germania come risposta all'Illuminismo e alla modernità. Gli ebrei riformati danno priorità all'autonomia individuale e agli insegnamenti etici del giudaismo rispetto alla stretta aderenza ai rituali tradizionali. Considerano la Torah come un documento vivente che riflette il contesto storico in cui è stata scritta e, quindi, i suoi comandamenti sono visti come linee guida piuttosto che leggi vincolanti. Le sinagoghe riformate spesso incorporano elementi moderni nei loro servizi, come strumenti musicali e sermoni in volgare. L'uguaglianza di genere è un principio fondamentale, poiché donne e uomini partecipano equamente a tutti gli aspetti della vita religiosa. L'ebraismo riformato pone una forte enfasi sulla giustizia sociale e sull'attivismo, considerando la missione ebraica come quella di migliorare il mondo (Tikkun Olam).

L'ebraismo ricostruzionista è un movimento americano moderno fondato dal rabbino Mordecai Kaplan a metà del XX secolo. Kaplan considerava l'ebraismo come una civiltà in progressiva evoluzione che comprende non solo credenze e pratiche religiose ma anche cultura, etica e comunità. Gli ebrei ricostruzionisti credono che la legge e la tradizione ebraica dovrebbero essere adattate per soddisfare le esigenze degli ebrei contemporanei. Si avvicinano all'Halacha come a una guida comune piuttosto che a un insieme di mandati divini, e ogni comunità decide quali pratiche adottare. Le sinagoghe ricostruzioniste enfatizzano l'inclusività e l'egualitarismo, accogliendo background e prospettive diverse. Il movimento incoraggia l'espressione creativa nel culto e un forte impegno per la giustizia sociale e la responsabilità comunitaria.

Ogni denominazione all'interno dell'ebraismo offre una prospettiva unica su come vivere una vita ebraica nel mondo moderno. Mentre il giudaismo ortodosso mantiene una stretta aderenza alle leggi e ai rituali tradizionali, il giudaismo conservatore si sforza di bilanciare la tradizione con i valori moderni. L'ebraismo riformato enfatizza i principi etici e l'autonomia individuale, mentre l'ebraismo ricostruzionista vede l'ebraismo come una cultura dinamica e in evoluzione.

Nonostante le loro differenze, tutte queste denominazioni condividono valori e tradizioni comuni che uniscono il popolo ebraico. I principi centrali della fede in un unico Dio, l'importanza della Torah e l'impegno per una vita etica sono fondamentali in tutti i movimenti ebraici. Queste credenze condivise forniscono un senso di unità e continuità all'interno del diverso panorama dell'ebraismo moderno.

La diversità del giudaismo moderno consente agli individui di trovare una comunità che sia in sintonia con le loro credenze e pratiche, promuovendo una vita ebraica vivace e dinamica. Gli ebrei ortodossi, conservatori, riformati e ricostruzionisti contribuiscono tutti al ricco arazzo del pensiero, della cultura e della pratica religiosa ebraica, garantendo che l'ebraismo rimanga rilevante e significativo nel mondo contemporaneo.

Le diverse denominazioni all'interno dell'ebraismo riflettono i vari modi in cui gli ebrei hanno risposto alla modernità, sforzandosi di mantenere le loro antiche tradizioni. Ciascun movimento offre un approccio distinto alla legge, ai rituali e alla vita comunitaria ebraica, consentendo un'ampia gamma di espressioni dell'identità ebraica. Comprendendo queste denominazioni, otteniamo un apprezzamento più profondo per la complessità e la ricchezza della vita ebraica e i modi in cui continua ad evolversi e ad adattarsi in risposta al mondo che cambia.

L'identità ebraica nel mondo contemporaneo

L'identità ebraica nel mondo contemporaneo è multiforme e dinamica e riflette una miscela di antiche tradizioni e influenze moderne. Comprende una vasta gamma di credenze, pratiche ed espressioni culturali, rendendola un'esperienza ricca e diversificata per gli ebrei di tutto il mondo. Comprendere come l'identità ebraica viene espressa e vissuta oggi implica esplorare le pratiche religiose, le tradizioni culturali, l'impegno sociale e politico, nonché le sfide e le opportunità di vivere in una società globale.

Uno degli aspetti fondamentali dell'identità ebraica è l'osservanza religiosa, che varia in modo significativo tra individui e comunità. Per molti ebrei, pratiche religiose come l'osservanza del sabato, il rispetto del kosher e la partecipazione ai servizi della sinagoga sono fondamentali per la loro identità. Queste pratiche forniscono un senso di continuità con le generazioni passate e un modo per connettersi con la più ampia comunità ebraica. La sinagoga svolge un ruolo fondamentale come luogo di culto, apprendimento e interazione sociale, contribuendo a rafforzare l'identità ebraica e i legami comunitari.

Oltre alle pratiche religiose, anche le tradizioni culturali svolgono un ruolo significativo nel plasmare l'identità ebraica. Le celebrazioni delle festività ebraiche, come Hanukkah, Pasqua ebraica e Purim, riuniscono famiglie e comunità per commemorare eventi storici e condividere memorie collettive. Queste feste spesso coinvolgono cibi, rituali e canzoni specifici che sono stati tramandati di generazione in generazione, fornendo un collegamento tangibile con l'eredità ebraica. Espressioni culturali come la musica, la letteratura e l'arte arricchiscono ulteriormente l'identità ebraica, consentendo interpretazioni creative e rilevanza contemporanea.

L'identità ebraica si esprime anche attraverso l'impegno sociale e politico. Molti ebrei sono attivamente coinvolti nella difesa della giustizia sociale, attingendo ai valori ebraici di Tikkun Olam (riparare il mondo) e Tzedakah (carità). Questo coinvolgimento può assumere varie forme, dal sostegno agli enti di beneficenza locali alla partecipazione agli sforzi umanitari globali. Le organizzazioni e le istituzioni ebraiche svolgono spesso un ruolo cruciale in questi sforzi, fornendo piattaforme per l'azione collettiva e il sostegno della comunità.

Vivere nell'era moderna presenta sia sfide che opportunità per l'identità ebraica. Una sfida è la questione dell'assimilazione, poiché in molti paesi gli ebrei vivono in società multiculturali dove possono sentirsi spinti a conformarsi alla cultura dominante. Ciò può portare a una diluizione delle pratiche tradizionali e a una lotta per mantenere la distintività. Tuttavia, molti ebrei affrontano questo problema trovando un equilibrio tra l'integrazione nella società più ampia e la preservazione del loro patrimonio unico. Ad esempio, potrebbero partecipare ad attività tradizionali mentre frequentano anche scuole, campi o centri comunitari ebraici che rafforzano i valori e l'identità ebraici.

Un altro aspetto significativo dell'identità ebraica contemporanea è il rapporto con lo Stato di Israele. Per molti ebrei, Israele rappresenta una componente centrale della loro identità, fungendo da patria spirituale e culturale. Questa connessione si esprime attraverso il sostegno a Israele, sia attraverso il sostegno, i viaggi o l'aliyah (immigrazione in Israele). L'esistenza di Israele influenza anche l'identità ebraica nella diaspora, poiché gli eventi e le politiche legate a Israele possono influenzare il modo in cui gli ebrei vengono percepiti e il modo in cui percepiscono se stessi.

La tecnologia e la globalizzazione hanno ulteriormente trasformato l'identità ebraica nel mondo contemporaneo. Internet e i social media hanno reso più facile per gli ebrei connettersi tra loro, accedere a risorse religiose e culturali e impegnarsi in comunità virtuali. Le piattaforme online offrono opportunità di apprendimento, preghiera e discussione, consentendo agli ebrei provenienti da contesti e luoghi diversi di condividere le loro esperienze e intuizioni. Questa connettività digitale aiuta a sostenere e ad arricchire l'identità ebraica, soprattutto per coloro che potrebbero non avere accesso a una comunità ebraica locale.

L'istruzione continua ad essere una pietra angolare dell'identità ebraica. Le scuole diurne, le yeshivah e le università ebraiche offrono spazi per approfondire la conoscenza religiosa, esplorare il patrimonio culturale e promuovere il pensiero critico. Anche l'istruzione informale, come i movimenti giovanili, i campi estivi e i viaggi per diritto di nascita in Israele, svolge un ruolo cruciale nel plasmare l'identità ebraica. Queste esperienze spesso lasciano impressioni durature, aiutando i giovani ebrei a sviluppare un forte senso di appartenenza e orgoglio per la loro eredità.

L'esperienza ebraica contemporanea è segnata anche da una maggiore consapevolezza e apprezzamento della diversità all'interno della comunità ebraica. Gli ebrei provengono da diverse etnie, tra cui ashkenaziti, sefarditi, mizrahi, etiopi e altri, ciascuno con le sue tradizioni e storie uniche.

Questa diversità viene celebrata e incorporata nella più ampia comprensione dell'identità ebraica, arricchendo il tessuto comunitario e promuovendo un ambiente più inclusivo.

Negli ultimi anni c'è stato un crescente riconoscimento di diversi modi di esprimere e sperimentare l'identità ebraica al di là dei tradizionali quadri religiosi. Gli ebrei laici e culturali, ad esempio, possono trovare un significato nella storia, nella letteratura, nell'etica o nella giustizia sociale ebraica senza necessariamente aderire a pratiche religiose. Questa comprensione più ampia dell'identità ebraica consente un approccio più inclusivo e flessibile, adattandosi ai vari modi in cui gli individui si collegano alla propria ebraicità.

Anche le relazioni interreligiose e le famiglie contribuiscono all'evoluzione del panorama dell'identità ebraica. Queste relazioni possono portare nuove prospettive e pratiche nella vita ebraica, arricchendo la comunità e ponendo allo stesso tempo domande sulla continuità e sulla tradizione. Molte comunità e organizzazioni ebraiche stanno sviluppando strategie per accogliere e sostenere le famiglie interreligiose, garantendo che si sentano incluse e valorizzate nel più ampio contesto ebraico.

L'identità ebraica nel mondo contemporaneo è una miscela complessa e dinamica di religione, cultura, azione sociale ed esperienza personale. Si esprime attraverso l'osservanza religiosa, le tradizioni culturali, l'impegno sociale e politico e gli sforzi educativi, che contribuiscono tutti a creare un'identità ricca e multiforme. Le sfide dell'assimilazione, l'influenza di Israele, i progressi tecnologici e il riconoscimento della diversità modellano il modo in cui gli ebrei vivono ed esprimono la loro identità oggi. Mentre le comunità ebraiche continuano ad affrontare queste complessità, lo fanno con un profondo senso di continuità e adattabilità, garantendo che l'identità ebraica rimanga vibrante e rilevante nell'era moderna.

Sfide e opportunità per l'ebraismo oggi

L'ebraismo oggi si trova ad affrontare una serie di sfide che presentano anche opportunità di crescita e rinnovamento all'interno della comunità ebraica. Una sfida significativa è la questione dell'assimilazione. In molte parti del mondo, gli ebrei vivono in società multiculturali dove la cultura dominante può influenzare le loro tradizioni e pratiche. Ciò può portare a un indebolimento dell'identità ebraica, soprattutto tra le generazioni più giovani che potrebbero sentirsi più legate a norme sociali più ampie che alla loro eredità ebraica. Tuttavia, questa sfida rappresenta anche un'opportunità per le comunità ebraiche di trovare nuovi modi per impegnarsi e connettersi con i membri più giovani, rendendo le tradizioni ebraiche rilevanti e significative nei contesti contemporanei.

Un'altra sfida è l'aumento dell'antisemitismo in varie forme, tra cui l'incitamento all'odio, la violenza e la discriminazione. Questa recrudescenza di episodi di antisemitismo può creare un'atmosfera di paura e insicurezza per gli individui e le comunità ebraiche. Tuttavia, offre anche un'opportunità di solidarietà e advocacy. Le organizzazioni ebraiche e i loro alleati possono lavorare insieme per combattere l'antisemitismo attraverso l'istruzione, la legislazione e la sensibilizzazione della comunità, favorendo una maggiore comprensione e tolleranza.

I matrimoni misti sono una questione complessa all'interno della comunità ebraica. Se da un lato i matrimoni interreligiosi possono arricchire la vita ebraica introducendo prospettive e tradizioni diverse, dall'altro pongono anche interrogativi sulla continuità e sull'identità. Alcuni temono che i matrimoni misti possano portare a una diluizione delle pratiche e delle credenze ebraiche. Tuttavia, questa sfida può essere trasformata in un'opportunità sviluppando approcci inclusivi che accolgano le famiglie interreligiose e incoraggino la loro partecipazione attiva alla vita ebraica. Creando ambienti favorevoli e fornendo risorse alle famiglie interreligiose, le comunità ebraiche possono garantire che l'identità ebraica rimanga forte e vibrante.

Il rapido ritmo del progresso tecnologico presenta sia sfide che opportunità per l'ebraismo. Da un lato, la tecnologia può portare a una disconnessione dalle tradizionali pratiche comunitarie e dalle interazioni faccia a faccia. D'altro canto, la tecnologia offre modi innovativi per impegnarsi con gli insegnamenti ebraici e connettersi con altri ebrei in tutto il mondo. Le piattaforme online per l'apprendimento, la preghiera e la costruzione di comunità possono rendere le pratiche ebraiche più accessibili a coloro che potrebbero non avere una comunità ebraica locale. Le comunità virtuali possono offrire supporto e connessione, favorendo un senso di appartenenza anche in aree remote.

Un'altra sfida significativa è la necessità di bilanciare tradizione e modernità. Man mano che la società si evolve, evolvono anche i problemi e le domande che gli ebrei affrontano nella loro vita quotidiana. C'è spesso una tensione tra il mantenimento delle pratiche tradizionali e l'adattamento ai valori e alle norme contemporanee. Tuttavia, questa sfida è anche un'opportunità per una crescita dinamica. La legge e la tradizione ebraica hanno sempre comportato interpretazione e adattamento, e questo processo continua ancora oggi. Interagendo con attenzione con le questioni moderne, gli studiosi e le comunità ebraiche possono trovare modi per sostenere i valori fondamentali pur rimanendo rilevanti nel mondo moderno.

L'educazione ebraica è fondamentale per la continuità dell'identità ebraica, ma deve affrontare sfide quali la convenienza e l'accessibilità. Molte famiglie ebree hanno difficoltà a permettersi l'iscrizione alle scuole diurne ebraiche o a partecipare a programmi educativi ebraici. Affrontare questa sfida implica trovare modelli di finanziamento sostenibili e creare opportunità educative inclusive che possano raggiungere un pubblico più ampio. Sottolineare l'importanza dell'apprendimento permanente e offrire diversi formati educativi, dall'istruzione formale ai programmi comunitari informali, può rafforzare la conoscenza e l'impegno ebraico attraverso le generazioni.

Il rapporto tra Israele e le comunità ebraiche della diaspora è un'altra area di sfida e allo stesso tempo di opportunità. Anche se per molti Israele occupa un posto centrale nell'identità ebraica, le diverse prospettive sulla politica e sulle politiche israeliane possono creare divisioni all'interno della comunità ebraica globale. Queste differenze possono essere impegnative, ma offrono anche un'opportunità di dialogo aperto e comprensione reciproca. Rafforzare le connessioni attraverso visite, scambi educativi e progetti di collaborazione può aiutare a colmare le lacune e promuovere un senso di scopo condiviso e solidarietà.

La sostenibilità ambientale è una preoccupazione crescente che si interseca con i valori ebraici di gestione e cura del mondo. Affrontare le sfide ambientali attraverso una lente ebraica può ispirare azione e impegno all'interno della comunità. Le iniziative incentrate sulla sostenibilità, come gli orti comunitari, i programmi di risparmio energetico e le campagne educative sulla responsabilità ambientale, possono mobilitare gli ebrei per contribuire positivamente agli sforzi globali volti a preservare il pianeta.

Lo sviluppo della leadership è essenziale per il futuro delle comunità ebraiche. Garantire che ci siano leader capaci e ispirati in grado di guidare le comunità attraverso i tempi di cambiamento è una sfida significativa. Investire in programmi di formazione alla leadership, fare da tutor a giovani leader e incoraggiare voci diverse in ruoli di leadership può creare un quadro solido per la crescita e la resilienza della comunità. Dando potere a una nuova generazione di leader, le comunità ebraiche possono affrontare le sfide contemporanee con innovazione e forza.

La giustizia sociale rimane un principio centrale dell'etica ebraica e l'impegno su questioni di giustizia sociale offre agli ebrei l'opportunità di vivere i propri valori in modi significativi. Attraverso la difesa dei diritti umani, il sostegno alle comunità emarginate o il coinvolgimento negli sforzi umanitari globali, le iniziative ebraiche per la giustizia sociale possono avere un impatto significativo. Collegando questi sforzi agli insegnamenti e alle tradizioni ebraiche, la comunità può ispirare una maggiore partecipazione e promuovere un senso di responsabilità collettiva.

Le sfide affrontate dall'ebraismo oggi; l'assimilazione, l'antisemitismo, i matrimoni misti, i cambiamenti tecnologici, il bilanciamento tra tradizione e modernità, l'accessibilità all'istruzione, la relazione Israele-Diaspora, la sostenibilità ambientale, lo sviluppo della leadership e la giustizia sociale sono significativi. Tuttavia, ogni sfida presenta anche opportunità uniche di crescita, rinnovamento e impegno. Affrontando queste sfide con creatività, inclusività e impegno nei confronti dei valori fondamentali, la comunità ebraica può prosperare nel mondo contemporaneo, garantendo un futuro vivace e significativo per le generazioni a venire.

CONCLUSIONE

Il viaggio dell'apprendimento ebraico è uno sforzo permanente che arricchisce la mente e l'anima. L'ebraismo pone una profonda enfasi sull'importanza dell'istruzione e dello studio continuo. Questo impegno verso l'apprendimento è evidente nel valore attribuito alla Torah, al Talmud e a numerosi altri testi che costituiscono la spina dorsale del pensiero e della legge ebraica. La tradizione di studio non si limita ai soli testi religiosi ma si estende a tutte le aree della conoscenza, riflettendo un approccio olistico all'apprendimento che ha sostenuto la cultura e l'identità ebraica attraverso i secoli.

Nel giudaismo, la ricerca della conoscenza è vista come un comandamento divino, un modo per connettersi con Dio e comprendere il mondo. La Torah, spesso definita "Albero della Vita", è il punto di partenza di questo viaggio. Tuttavia, l'esplorazione non si ferma alla Torah. Il Talmud, un vasto compendio di discussioni e interpretazioni rabbiniche, invita i lettori ad approfondire le complessità della legge e dell'etica ebraica. Lo studio di questi testi incoraggia il pensiero critico, il dibattito e una comprensione più profonda dei valori e dei principi ebraici.

L'apprendimento ebraico non è confinato tra le mura di un'aula o di una sinagoga. È un processo dinamico e interattivo che avviene nelle case, nelle comunità e ovunque gli ebrei si riuniscano. La tradizione dell'apprendimento viene tramandata di generazione in generazione, spesso attraverso storie, discussioni e domande. I genitori insegnano ai figli, che a loro volta insegnano ai propri figli, creando una catena continua di conoscenza e tradizione. Questa trasmissione generazionale garantisce che il patrimonio ebraico rimanga vivo e rilevante.

Uno degli aspetti più belli dell'apprendimento ebraico è la sua inclusività. Invita tutti a partecipare, indipendentemente dall'età, dal background o dal livello di conoscenza. Che si sia un bambino che sta appena iniziando a imparare l'Aleph-Bet o un adulto che studia i dibattiti talmudici, c'è sempre qualcosa di nuovo da scoprire. Questa inclusività favorisce un senso di comunità e di scopo condiviso, poiché tutti contribuiscono e traggono vantaggio dalla ricerca collettiva della conoscenza.

Inoltre, l'apprendimento ebraico non è uno sforzo solitario. Si svolge spesso in contesti comunitari, dove gli studenti interagiscono tra loro in discussioni e dibattiti. Questo metodo, noto come chavruta, accoppia gli studenti per analizzare e interpretare i testi. Il processo di mettere in discussione, sfidare e difendere le idee affina la comprensione e approfondisce le connessioni. È un potente promemoria del fatto che l'apprendimento è una responsabilità comune e una gioia condivisa.

Nel mondo di oggi, la tecnologia ha aperto nuove strade per l'apprendimento ebraico. Corsi online, gruppi di studio virtuali e biblioteche digitali consentono di accedere a testi e insegnamenti ebraici da qualsiasi parte del mondo. Queste risorse hanno ampliato la portata dell'istruzione ebraica, rendendola più accessibile che mai. Questo progresso tecnologico garantisce che il viaggio dell'apprendimento ebraico possa continuare indipendentemente dalle limitazioni geografiche o fisiche.

Lo studio della tradizione e della cultura ebraica fornisce anche un profondo legame con la storia e il patrimonio ebraico. Conoscere le vite, le lotte e i risultati di coloro che sono venuti prima di noi infonde un senso di orgoglio e continuità. Ci aiuta a capire da dove veniamo e modella la nostra identità e i nostri valori. Questa consapevolezza storica è fondamentale per preservare la ricchezza e la diversità della cultura ebraica.

Impegnarsi nell'apprendimento ebraico fornisce inoltre agli individui gli strumenti per affrontare le sfide contemporanee. Radicandosi nell'etica e nei valori ebraici, gli studenti possono affrontare le questioni moderne con saggezza e compassione. Che si tratti di questioni di moralità, giustizia sociale o dilemmi personali, le intuizioni acquisite dallo studio ebraico forniscono guida e chiarezza.

Inoltre, l'apprendimento ebraico favorisce una curiosità e un amore per la saggezza che durano tutta la vita. Incoraggia una mente aperta e curiosa, sempre alla ricerca di imparare di più e comprendere più a fondo. Questa curiosità intellettuale si estende oltre i testi religiosi e si estende a tutti i campi della conoscenza, riflettendo il rispetto per la vastità della comprensione umana. Ricorda che l'apprendimento è un viaggio senza fine, sempre in evoluzione ed espansione.

Quando intraprendi o continui il tuo viaggio nell'apprendimento ebraico, sei incoraggiato ad avvicinarti ad esso con cuore e mente aperti. Il percorso di studio è pieno di domande, sfide e momenti di rivelazione. È un viaggio che richiede dedizione, pazienza e volontà di impegnarsi profondamente con il materiale. Ma è anche un viaggio che offre immense ricompense, arricchendo la propria vita e rafforzando il proprio legame con la comunità e il patrimonio ebraico.

Il viaggio continuo dell'apprendimento ebraico non riguarda solo l'acquisizione di conoscenza; si tratta di trasformazione. Modella chi siamo, come vediamo il mondo e come viviamo le nostre vite. Ci collega alle nostre radici e ci dà la possibilità di costruire un futuro significativo. Attraverso l'apprendimento onoriamo il passato, ci impegniamo con il presente e ci prepariamo per il futuro, assicurandoci che la saggezza dell'ebraismo continui a illuminare il nostro cammino.

L'importanza dell'apprendimento e dell'esplorazione continui nella comprensione dell'ebraismo non può essere sopravvalutata. È un aspetto fondamentale della vita ebraica che sostiene la fede, la cultura e l'identità del popolo ebraico.

Abbracciando questo viaggio, gli individui contribuiscono a una tradizione vibrante e duratura di conoscenza e saggezza. Mentre i lettori continuano il loro studio della tradizione e della cultura ebraica, non stanno solo imparando a conoscere l'ebraismo; stanno diventando parte integrante della sua storia viva e pulsante.